Christliche Geschichte

Ein fesselnder Leitfaden zur Geschichte des Christentums, den Königen von Israel und Juda und der Königin von Saba

Inhaltsverzeichnis

Teil 1: Die Geschichte des Christentums

Ein fesselnder Überblick über entscheidende Momente der christlichen Geschichte, wie das Leben und die Lehren Jesu Christi, die frühe Kirche und die Reformation

Einleitung

Wer hätte gedacht, dass das Christentum von seinen bescheidenen Anfängen als kleine Gruppe von Anhängern eines jüdischen Mannes namens Jesus weniger als zweitausend Jahre später zur am weitesten verbreiteten Religion der Welt werden würde?

Rund einunddreißig Prozent der Weltbevölkerung sind heute Christen, was mehr als zwei Milliarden Menschen entspricht und praktisch alle Länder aller Kontinente umfasst. Jedes Jahr, am 25. Dezember, nach unserem modernen Kalender, feiern Christen in aller Welt ein ganz besonderes Ereignis: Den Geburtstag von Jesus. Dieses Datum, Weihnachten, markiert den Anfang von allem, den Startpunkt einer epischen Reise, die die Geschichte radikal verändert hat. Vielleicht war dies aber auch nicht der eigentliche Beginn. Andere könnten sagen, dass seine Geschichte schon viel früher begann, dass er schon viele Jahrhunderte vor seiner Geburt der lang erwartete Messias war, den die jüdischen Schriften seit der Antike vorausgesagt hatten. So oder so hat sich der Lauf der menschlichen Entwicklung seit ein paar Jahrtausenden definitiv verändert. Selbst dort, wo diese Religion in ihrer Geschichte nicht vorherrschend war oder nicht existierte, wie in Amerika zur Zeit von Christoph Kolumbus oder in Ostasien, übte das Christentum einen Einfluss aus, der die traditionellen Lebensweisen veränderte.

Von seinen Ursprüngen im Osten des Römischen Reiches über die Ausbreitung nach Europa auf der einen Seite und bis nach Indien und China auf der anderen Seite hat das Christentum in seiner zweitausendjährigen Geschichte immer wieder neue Gläubige aufgenommen.

Worin besteht die Anziehungskraft des Christentums? Warum ist es so populär und in so vielen Köpfen und Seelen verankert?

Zum einen verkündet das Christentum, dass es für alle Menschen ohne Unterschied der Ethnie oder der Kaste bestimmt ist.[i] Und sowohl für Gläubige als auch für diejenigen, die nicht an Jesus als Gottes Sohn glauben, oder sogar für diejenigen, die keinem religiösen Bekenntnis folgen, ist die Tatsache, dass das Leben dieses Mannes, der von einigen auch als Gottes Sohn und Gott selbst angesehen werden kann, faszinierend. Er schaffte es, eine starke Gruppe fester Anhänger zu motivieren, seine Worte, Lehren und Taten so zu verbreiten, dass sie auch heute noch Milliarden von Menschen auf der ganzen Welt ansprechen.

Die Entstehung und Entwicklung des Christentums ist eine umfangreiche, komplexe Geschichte voller Rückschläge und Widersprüche, aber auch voller Triumphe. Es ist eng mit der Entwicklung der Welt in den letzten zweitausend Jahren verwoben, hat ganze Gesellschaften erfasst, zum Aufbau und zur Zerstörung von Imperien beigetragen und das geistige Leben von Menschen aller Ethnien und Kulturen geprägt. In den folgenden Kapiteln werden die wichtigsten Aspekte dieser faszinierenden Geschichte beleuchtet.

Kapitel 1 - Prophezeiungen einer angekündigten Geburt

Alte Vorhersagen über einen besonderen König

Schon Jahrhunderte vor der Geburt Jesu Christi, vor etwa zweitausend Jahren, erwarteten die Menschen jüdischen Glaubens den so genannten Messias - einen Menschen oder sogar Gott selbst, der auf die Erde kommen würde, um die Menschheit zu retten. Die Quelle für diese messianischen Prophezeiungen ist in der hebräischen Bibel, dem Tanach oder der Mikra, enthalten, die aus drei Teilen besteht, die insgesamt 24 Bücher umfassen: die Tora, auch bekannt als das Buch Moses, die Nevi'im, in denen die Offenbarungen der Propheten niedergelegt sind, und die Ketuvim, die Psalmen, Predigten und andere Schriften enthalten.

Das Wort Tanach ist eigentlich ein Akronym, das aus den Anfangsbuchstaben der drei Unterteilungen der maßgeblichen hebräischen und aramäischen masoretischen Texte gebildet wird, die es enthält: T für Tora, N für Nevi'im und K für Ketuvim.[ii] Diese Dokumente wurden erstmals um 200 v. Chr. niedergeschrieben. Davor wurden sie jedoch von Generation zu Generation in mündlicher Form weitergegeben.

Dieses heilige Manuskript ist im Wesentlichen der Inhalt dessen, was die Christen als Altes Testament, den ersten Teil der christlichen Bibel, kennen. Die Unterteilung in Kapitel und Verse erfolgte erst später.

Irgendwann enthielt der Tanach auch die deuterokanonischen Bücher, zu denen unter anderem Texte wie die Makkabäerbücher, das Buch Esra, das Buch Ecclesiasticus und Psalm 151 gehören. Deuterokanonisch bedeutet wörtlich kanonisch zweiten Grades, abgeleitet von den griechischen Wörtern sumerischen Ursprungs *deutero*, was zweitrangig bedeutet, und *canon*, was mit Regel oder Messlatte übersetzt werden kann. Auch wenn diese der ursprünglichen Thora hinzugefügten Texte damals als Dogma akzeptiert wurden, hatten sie eine geringere Bedeutung.

Die deuterokanonischen Bücher wurden erstmals in die Septuaginta, die griechische Übersetzung der Thora, aufgenommen, die im dritten Jahrhundert v. Chr. während der hellenistischen Periode verfasst wurde. Um das Jahr 95 n. Chr. hatten führende jüdische Rabbiner, die vermutlich auf dem Konzil von Jamnia zusammenkamen (dieses Treffen ist historisch nicht bestätigt), bereits beschlossen, sie als Teil ihrer heiligen Texte auszuschließen, da sie angeblich auf Griechisch und nicht in der ursprünglichen jüdischen Sprache geschrieben worden waren.

Die meisten protestantischen Kirchen akzeptieren die deuterokanonischen Bücher ebenfalls nicht, da sie sie für apokryphe und größtenteils unbestätigte Berichte halten, die nicht in den kanonischen oder dogmatisch anerkannten Masoretischen Text des alten Tanach gehören. Die katholische Kirche, die Anglikaner, die östlich-orthodoxe Kirche und die assyrische Kirche des Ostens akzeptieren sie jedoch und betrachten sie als kanonisch.

Der zweite Teil der christlichen Bibel, das Neue Testament, enthält neben einigen anderen Schriften vier verschiedene Berichte über das Leben und die Lehren Jesu. Diese sind als die Evangelien bekannt und wurden von Lukas, Matthäus, Markus und Johannes verfasst. Die Geschichten der ersten drei sind sich relativ ähnlich, weshalb sie als synoptische Evangelien bezeichnet werden, weil man sie zu einer zusammenfassenden Darstellung zusammenfügen kann. Viele ihrer Passagen ähneln einander, einige teilen sogar exakt denselben Wortlaut. Im Gegensatz dazu unterscheidet sich das

Johannesevangelium in vielen seiner Erzählungen erheblich von den ersten drei.

Die im Alten Testament enthaltenen Vorhersagen von Propheten wie Samuel, Jeremia, Daniel und Jesaja werden heute von allen Christen gebilligt. Diese Männer sagten voraus, dass ein Messias das Reich Gottes auf der Erde wiederherstellen würde und dass dieses Reich von da an ewigdauern würde. Sie glaubten auch, dass dieser Retter aus dem Haus Davids kommen würde, dem berühmten jüdischen König, der um 1000 v. Chr. lebte, in einer Zeit, die viele als das Goldene Zeitalter Israels bezeichnen. Im Alten Testament heißt es, dass der Prophet Nathan zu David sagte: „Der Herr selbst wird dir ein Haus errichten ... Ich werde deinen Nachkommen zu deinem Nachfolger erziehen ... Ich werde sein Reich errichten. Er ist derjenige, der meinem Namen ein Haus bauen wird, und ich werde den Thron seines Reiches für immer aufrichten“ (2 Samuel 7).

Die Abstammung von Maria und Josef, der Mutter und dem irdischen Vater von Jesus, lässt sich bis zu König David selbst zurückverfolgen. Im Neuen Testament geben nur Matthäus und Lukas diese Genealogie an, und selbst da weichen sie etwas voneinander ab, was einige moderne Gelehrte dazu veranlasst hat, diese Abstammung von David zu Jesus als eine Erfindung zu verwerfen. Über diesen Punkt ist sicherlich viel diskutiert worden, doch die in der Bibel festgehaltenen Auszüge aus dem Hause David haben dies zu einem festen Bestandteil der christlichen Lehre und des Dogmas sowie der axiomatischen Lehren des Christentums gemacht.

Vor allem der Prophet Jesaja aus dem achten Jahrhundert v. Chr. gilt als Vorhersager des Erscheinens von Christus. Das Alte Testament zitiert ihn mit den Worten: „Denn uns ist ein Kind geboren, ein Sohn ist uns gegeben; und die Herrschaft ruht auf seiner Schulter, und sein Name wird genannt werden: Wunderbarer Ratgeber, mächtiger Gott, Vater der Ewigkeit, Fürst des Friedens. Und es wird nicht aufhören mit seiner Herrschaft und seinem Frieden auf dem Thron Davids und in seinem Reich, um es aufzurichten und zu erhalten mit Recht und Gerechtigkeit von nun an bis in Ewigkeit“ (Jesaja 9,6-7). Dieser Auszug ist für Christen von größter Bedeutung, weil er einige der wichtigsten Aspekte im

Zusammenhang mit Jesus als Sohn Gottes und seinem ewigen Reich deutlich macht. Dieser Vers aus Jesaja wird unweigerlich bei jeder Weihnacht zitiert. Die Passage spricht eindeutig von der Inkarnation und der Göttlichkeit Christi, der für immer ein Reich regieren konnte. Keiner der irdischen jüdischen Könige entsprach tatsächlich den Prophezeiungen, aber das Leben und die Ideen Jesu entsprachen diesem messianischen Bild auf geradezu perfekte Weise.

Die Frage, wer dieser Messias sein würde, ist der Schlüssel zum Verständnis, wann Judentum und Christentum begannen, eigene Wege zu gehen. Diejenigen, die an die Lehren des Judentums glauben, warten immer noch auf die Ankunft dieses Erlösers. Die Idee dieses Erlösers für das jüdische Volk ist es, ein vereinigtes Königreich mit allen verstreuten zwölf hebräischen Stämmen des Altertums wiederherzustellen, doch sie glauben, dass derjenige, der dies tun sollte, ein Mensch aus Fleisch und Blut sein sollte, ein irdischer, physischer König. Die Anhänger von Jesus Christus haben sich anders entschieden. Wie würde ihr Reich aussehen? Ja, es wäre ewig, aber es wäre für alle Menschen auf der Erde, nicht nur für das jüdische Volk, und es würde nicht von einem Menschen, sondern von Gott selbst beherrscht werden. Er wäre der ultimative König, von dem Jesaja sprach, der über alle herrschen würde, die bereit sind, ihm zu folgen, und diese Anhänger müssten nicht ausschließlich Menschen hebräischer Abstammung sein.

Jesus Christus wurde also als Jude und innerhalb der jüdischen Religion und Traditionen geboren. Auch die Umstände seiner Geburt waren vorhergesagt worden. So hatten bereits einige alte Propheten beschrieben, dass dieser Retter der Menschheit aus einer jungfräulichen Empfängnis hervorgehen würde. Jesaja sagte zu Ahasja, dem damaligen König Israels: „Darum wird dir der Herr selbst ein Zeichen geben: Siehe, eine Jungfrau wird schwanger werden und einen Sohn gebären, und sie wird seinen Namen Immanuel nennen“ (Jesaja 7,13). Immanuel bedeutet Gott mit uns.

Die Jungfrau mit dem Kind

Die Ereignisse um die Geburt Jesu gehören vielleicht zu den bekanntesten Erzählungen aller Zeiten. Ein Teil ihrer Anziehungskraft rührt daher, dass sie viele Konzepte aus anderen Religionen und Glaubensrichtungen aufgreift, wie z. B. die wundersame Geburt eines Gottes oder Auserwählten- eine Vorstellung, die auch im zoroastrischen, ägyptischen, hinduistischen und buddhistischen Glauben vorkommt.

Die Mutter Jesu, Maria, war eine junge Jüdin aus der galiläischen Stadt Nazareth, im nördlichen Teil des heutigen Israels, einem Gebiet, das im ersten Jahrhundert v. Chr. zum Römischen Reich gehörte. An diesem Ort verkündete der Engel Gabriel Maria, dass sie ein Kind empfangen und gebären würde und dass es der Sohn Gottes sein würde. Sie sagte zu Gabriel, dass dies nicht möglich sei, da sie noch Jungfrau sei, und er antwortete, dass die Empfängnis möglich sei, weil der Heilige Geist auf Sie kommen werde (Lk 1,35). Gabriel wies sie an, dass dieser Sohn Sohn des Höchsten genannt werden solle. Maria nannte ihn schließlich Jesus, *Jeschua* auf Aramäisch, eine Kurzform von *Jehoschua*, was *Jhwh ist die Erlösung* bedeutet. Dies war damals ein gebräuchlicher Name in Judäa.

Maria war zu diesem Zeitpunkt mit Josef verlobt, ebenfalls ein jüdischer Mann, dessen Abstammung mit König David verbunden war. Es gibt jedoch nicht viele Informationen über ihn. Joseph wird im Lukas- und im Matthäusevangelium kaum erwähnt, und auch in den beiden anderen Evangelien gibt es keine Hinweise auf ihn. Man nimmt an, dass er um 100 v. Chr. geboren wurde und dass er Zimmermann oder Holzhandwerker war.

Abgesehen von den Prophezeiungen im Alten Testament berichten nur zwei der Evangelien - wiederum Lukas und Matthäus - von der wundersamen Empfängnis Marias. Die beiden Berichte sind jedoch recht unterschiedlich.

Matthäus konzentriert sich mehr auf Josef und erwähnt, wie er herausfand, dass Maria schwanger war, als die beiden gerade heiraten wollten. Er berichtet, dass Josef zunächst beschloss, die Verlobung diskret zu lösen, um sie nicht in der Öffentlichkeit zu beschämen. In jenen Zeiten wurde eine Frau zu Tode gesteinigt, wenn sich herumsprach, dass sie ein uneheliches Kind hatte. Matthäus berichtet dann, dass ein Engel Josef besuchte und ihm sagte, er solle sich keine Sorgen machen, das Kind, das Maria in sich trug, sei der Sohn Gottes, gezeugt vom Heiligen Geist. Matthäus schreibt auch, dass er keine ehelichen Beziehungen zu ihr hatte, bevor sie gebar, was darauf schließen lässt, dass sie danach ein Paar wurden.

Andererseits ist das Lukasevangelium das einzige, das den gesamten Dialog zwischen Maria und dem Engel Gabriel wiedergibt, in dem sie ausdrücklich sagt, dass sie eine Jungfrau ist. In Bezug auf Josef erwähnt Lukas lediglich, dass Maria ihm zur Ehe versprochen wurde, ohne etwas über Josefs eigenes Gespräch mit dem Engel zu sagen.

Es gibt drei wichtige Begrifflichkeiten - unbefleckte Empfängnis, jungfräuliche Empfängnis und jungfräuliche Geburt -, die sich auf Marias eigene Geburt, ihre Schwangerschaft und den Moment, in dem sie in den Wehen liegt, beziehen.

Bei Matthäus heißt es, dass Maria durch den Heiligen Geist schwanger wurde und nicht durch Geschlechtsverkehr mit Josef, also durch die sogenannte jungfräuliche Empfängnis. „Während seine Mutter Maria mit Josef verlobt war, aber bevor sie zusammenkamen, wurde sie durch den Heiligen Geist schwanger" (Mt 1,18-20).

Die jungfräuliche Geburt bezieht sich auf die Tatsache, dass Maria Jungfrau war, als sie Jesus empfing, und dass sie auch bis nach der Geburt ihres Kindes Jungfrau blieb. Die katholische Kirche behauptet, dass sie ihr ganzes Leben lang zölibatär lebte, d. h. sie hatte zu keinem Zeitpunkt Geschlechtsverkehr mit Josef, daher bezeichnet die katholische Kirche Maria als immerwährende Jungfrau (*Aeiparthenos* auf Griechisch, ein Begriff, der in der orthodoxen Liturgie weit verbreitet ist, auch wenn heutzutage nicht alle orthodoxen Kirchen diesen Begriff akzeptieren).

Diese Konzepte sind eng mit der katholischen Lehre von der unbefleckten Empfängnis verknüpft, die besagt, dass Maria nicht nur eine Jungfrau war, sondern auch frei von Erbsünde. Das Alte Testament behauptet, dass alle Menschen seit Adam und Eva in Sünde gelebt haben. Doch Maria, Jesus und sein Cousin Johannes der Täufer waren davon ausgenommen. Diese Lehre wurde 1854 unter der Herrschaft von Papst Pius IX. in das römisch-katholische Glaubensbekenntnis aufgenommen. Er legte das Dogma fest, dass die allerseligste Jungfrau Maria vom ersten Augenblick ihrer Empfängnis an durch eine einzigartige Gnade und ein Privileg des allmächtigen Gottes und kraft der Verdienste Jesu Christi, des Erlösers des Menschengeschlechts, von jedem Makel der Erbsünde bewahrt wurde.[iii]

Alle Christen sind sich im Grunde über die Lehre von der jungfräulichen Empfängnis einig, doch die Konzepte der unbefleckten Empfängnis Marias und der jungfräulichen Geburt werden von den meisten protestantischen Kirchen nicht akzeptiert. Alle diese Ideen wurden von Theologen, Historikern und Akademikern ausführlich diskutiert und analysiert. Sie standen im Mittelpunkt vieler Debatten, vor allem in den ersten drei Jahrhunderten nach dem Tod Christi, aber sie dauern bis heute an.

Es gab noch eine weitere Ankündigung, die der Engel Gabriel Maria bei seinem Besuch machte und zwar, dass ihre Cousine Elisabeth ebenfalls ein Kind zur Welt bringen würde, obwohl sie bereits im fortgeschrittenen Alter war. Maria machte sich also auf den Weg, um sie zu besuchen. Als Elisabeth ihre Cousine erblickte, wusste sie sofort, dass auch Maria schwanger war und dass sie das Kind Gottes trug. „Gesegnet bist du mehr als alle anderen Frauen und gesegnet ist die Frucht deines Leibes. Wer bin ich, dass die Mutter meines Herrn zu mir kommt? In dem Augenblick, als ich deinen Gruß hörte, hüpfte das Kind vor Freude in meinem Leib. Selig ist die, die geglaubt hat, dass sich erfüllt, was der Herr ihr sagen ließ.", sagte sie (Lk 1,42-45).

Der Engel Gabriel war zuvor dem Ehemann von Elisabeth, Zacharias, erschienen und hatte ihm mitgeteilt, dass sie ein Kind gebären würde. Er wies sie an, das Kind Johannes zu nennen, und teilte Zacharias mit, dass es ohne Erbsünde geboren werden würde (dass das Kind mit dem Heiligen Geist erfüllt sein würde). „Große Freude wird dich erfüllen und auch viele andere werden sich über seine Geburt freuen. Denn er wird groß sein vor dem Herrn. Wein und andere berauschende Getränke wird er nicht trinken und schon im Mutterleib wird er vom Heiligen Geist erfüllt sein. Viele Israeliten wird er zum Herrn, ihrem Gott, bekehren. Er wird mit dem Geist und mit der Kraft des Elija dem Herrn vorangehen, um das Herz der Väter wieder den Kindern zuzuwenden und die Ungehorsamen zur Gerechtigkeit zu führen und so das Volk für den Herrn bereit zu machen.", sagte er zu Zacharias (Lk 1,13-17).

Tatsächlich spielte dieses Baby später eine wichtige Rolle im Leben Jesu. Aus ihm wurde Johannes der Täufer, der seinen entfernten Cousin viele Jahre später im Jordan taufte, und wahrscheinlich erhielt er deshalb die besondere Gabe, ohne Erbsünde geboren zu sein. Nach den Evangelien sah Johannes, als Jesus aus dem Wasser stieg, den Himmel aufbrechen und den Geist wie eine Taube auf ihn herabkommen (Markus 1,10).

Die christliche Kirche griff diese wichtige Symbolik später auf, um das Konzept der Dreifaltigkeit zu entwickeln, das besagt, dass Gott zwar einer ist, aber in drei wesenhaften Einheiten dargestellt wird: Der Vater, der Sohn (Jesus Christus) und der Heilige Geist. Daher werden die Menschen mit der bekannten trinitarischen Formel im Namen des Vaters und des Sohnes und des Heiligen Geistes getauft.

Das Kind wird geboren

Die Ereignisse rund um die Geburt Jesu waren nicht nur dramatisch, sondern auch besonders schön. Kurz vor Marias Geburt erließ der römische Kaiser Augustus einen Erlass, der eine Volkszählung in den römischen Provinzen vorsah. Da Josefs Familie aus Bethlehem stammte, musste er dorthin zurückkehren, um die Anweisungen des Kaisers zu erfüllen. Es war eine sehr lange und beschwerliche Reise von Nazareth, die mit einer hochschwangeren Frau besonders schwierig war. Als sie dort ankamen, waren alle Herbergen voll besetzt. Es gab keine Unterkunft, und niemand schien sich dafür zu interessieren, dass diese sehr junge Frau, die gerade eine anstrengende Reise hinter sich hatte, kurz vor der Entbindung stand (Schätzungen zufolge war Maria zu diesem Zeitpunkt zwischen vierzehn und sechzehn Jahre alt).

Der einzige Unterschlupf, den Josef auftreiben konnte, war ein Stall, und dort - zwischen Esel, Ochse und Schafen - brachte Maria Jesus Christus zur Welt. Sie wickelte ihn in Stoffe und legte ihn in eine Krippe (Lk 2,6-7). Bald darauf kam eine Gruppe von Hirten. Sie sagten, ein Engel habe ihnen gesagt, dass sie den Messias, den

Herrn sehen müssten (Lk 1,11).

Einige Zeit nach der Geburt Jesu erhielt die Gruppe noch einen ganz besonderen Besuch: Drei weise Männer, Magi oder Könige, wie sie auch genannt werden, kamen aus weit entfernten Teilen der Welt, wollten den Sohn Gottes sehen und brachten wertvolle Geschenke mit. Ihre Namen werden in den Evangelien nicht erwähnt, aber spätere Berichte nennen sie als Melchior aus Persien, Gaspar aus Indien und Balthasar aus Arabien. Je nach Kirche erhalten sie auch andere Namen. Die syrischen Christen nennen sie zum Beispiel Larvandad, Gushnasaph und Hormisdas. Andere Ostkirchen nennen sie Hor, Karsudan und Basanater, und die armenischen Katholiken verwenden die Namen Kagpha, Badadakharida und Badadilma.

Doch wer waren diese exotischen Männer? Was ist ihre Bedeutung? Lukas, der genaueste Erzähler des Lebens Jesu, hat sie nie erwähnt, so dass die Informationen, die wir über, Gaspar Melchior und Balthasar haben, aus vagen Berichten im Matthäusevangelium stammen. Es gibt Elemente in ihrer Geschichte, die mit Sicherheit aus anderen Traditionen übernommen wurden. Ein persischer Glaube, bei dem es um einen Magus (die Einzahlform von Magi; so wurden auch die Mitglieder einer Priesterkaste im alten Persien genannt) geht, besagt, dass die Sichtung eines Sterns die Geburt eines Herrschers vorhersagt, und einige zentralasiatische Gemeinschaften behaupteten ebenfalls, sie seien Nachkommen eines Magus. Es gab auch viele Könige, die an ihren Höfen Astrologen, oft auch Magier genannt, unterhielten, die die Elemente des Himmels auf ihre eigene Weise deuteten.

Alles in allem gibt es nur wenige historische Informationen über diese drei Männer, aber ihre zugegebenermaßen romantische Geschichte ist recht ansprechend und hat über die Jahrhunderte hinweg eine große Anziehungskraft ausgeübt. Ihre epische Reise, die Art und Weise, wie sie aus entlegenen Gegenden zu diesem Baby namens Jesus geführt wurden, und ihre reiche Kleidung und üppigen Geschenke haben im Laufe der Jahrhunderte die Fantasie vieler Menschen fasziniert und angeregt.

Nach dem Matthäusevangelium kamen die Heiligen Drei Könige aus dem Osten nach Jerusalem und fragten: „Wo ist der, der als König der Juden geboren wurde? Wir haben seinen Stern aufgehen sehen und sind gekommen, um ihn anzubeten“ (Mt 2,1-12).

Der damalige Herrscher der Provinz Judäa, König Herodes I., hörte von diesen Männern und wollte wissen, wo dieser Junge geboren worden war, und rief die Heiligen Drei Könige zu sich. Sie sagten ihm, dass es sich bei diesem Ort um Bethlehem handelte, und König Herodes bat sie, zu ihm zurückzukommen, nachdem sie den genauen Aufenthaltsort des Jungen herausgefunden hatte, denn er könnte hingehen und ihn ebenfalls anbeten. Das war jedoch gar nicht seine Absicht; in Wirklichkeit wollte er diesen so genannten Messias töten, da Herodes befürchtete, er könnte heranwachsen und seinen Thron an sich reißen. Doch die Weisen erhielten von Gott eine Warnung vor Herodes, die ihnen sagte, sie sollten nicht zu ihm zurückkehren. Nachdem sie Jesus besucht hatten, verließen sie Judäa auf einem anderen Weg, um diesem König nicht mehr zu begegnen.

Damit die Weisen das Jesuskind finden konnten, berichtet Matthäus, dass zur Zeit der Geburt des Messias ein heller Stern aufging. Dieses strahlende Licht, das heute als Stern von Bethlehem oder als Weihnachtsstern bekannt ist, wurde auch im Alten Testament vorausgesagt. Im Buch Numeri heißt es zum Beispiel: Ein Stern wird aus Jakob hervorgehen, ein Zepter wird sich aus Israel erheben.

Matthäus beschreibt, dass dieser Stern, den die Heiligen Drei Könige gesehen hatten, sie zu Jesus führte, und als sie den Stall betraten, warfen sie sich nieder und beteten ihn an. Dann öffneten sie ihre Schatztruhen und brachten ihm Geschenke aus Gold, Weihrauch und Myrrhe dar. Dieser Abschnitt über die Geburt Jesu ist wunderschön und kunstvoll, obwohl es eine etwas materialistische Art und Weise war, ihn als König unter Königen zu ehren - er erhielt Geschenke, die weit über alles hinausgingen, was er oder seine Eltern in ihrem ganzen Leben je zu besitzen erwarten konnten.

Die Elemente rund um die Geburt Jesu - der Stall, die Tiere, die Hirten, die Weisen, der allgegenwärtige Engel Gabriel und der Stern werden von den Christen als die berühmte Weihnachtsgeschichte oder Krippenszene bezeichnet, nachdem Papst Sixtus III. im Jahr 432 n. Chr. eine solche in Rom errichten ließ. Es handelt sich um eine der am häufigsten dargestellten Szenen auf der ganzen Welt, die von Tausenden von Künstlern in allen möglichen Kunstwerken - Gemälden, Skulpturen, Glasmalereien und Mosaiken - festgehalten und von Kindern und Erwachsenen zur Weihnachtszeit in Kirchen, Schulen und Theatern aufgeführt wurde.

Die Heiligen Drei Könige sind so berühmt, dass sie zwölf Tage nach dem 25. Dezember, also am 6. Januar, und in den orthodoxen Kirchen am 12. Januar, gefeiert werden. Es ist logisch, dass sie nicht genau am Tag der Geburt Jesu eintrafen, sondern einige Zeit danach. In einigen Berichten wird behauptet, dass dieser Besuch sogar ein paar Jahre später stattgefunden haben könnte.

Dieses besondere Fest, das Epiphanias oder Dreikönigstag genannt wird, wird rund um den Globus auf ganz unterschiedliche Weise begangen. Spanische und lateinamerikanische Kinder erhalten Süßigkeiten und andere Geschenke, und in Italien wird eine gute Hexe, La Befana, erwartet, die ebenfalls Geschenke bringt. Die Äthiopier feiern Timkat ein paar Wochen später und folgen dabei der Tradition, dass die Weisen die Bundeslade, eine mit Gold überzogene Holztruhe, die die Steintafeln mit den Zehn Geboten enthält, in ihr Land brachten. In einigen östlich-orthodoxen Ländern tauchen junge Männer in kalte Gewässer, um Kreuze zu suchen, die dort hineingeworfen worden sind.

Die Geburt Jesu war also Anlass für zahlreiche Feste, Traditionen mit vielen Geschenken, die auch heute noch gefeiert werden. Diese Feiertage, die sich über einen Zeitraum von mehr als einem Monat erstrecken, zielen darauf ab, zu würdigen, was die Christen als Gott selbst ansehen, der auf die Erde kam, um die Welt zu retten.

Viele Theorien und Untersuchungen haben versucht, das genaue Jahr von Jesu Geburt zu bestimmen. Obwohl es offiziell auf das Jahr 1 n. Chr. festgelegt wurde, sind sich die Gelehrten des Neuen Testaments einig, dass dies, zumindest aus historischer Sicht, nicht das richtige Datum ist. Seine Geburt lag höchstwahrscheinlich zwischen 6 und 4 v. Chr., was vor allem auf die historische Tatsache zurückzuführen ist, dass König Herodes im Jahr 4 v. Chr. starb.

Gelehrte und Astronomen haben auch das Auftreten verschiedener astronomischer Ereignisse in diesen Jahrhunderten untersucht, um festzustellen, welches der Stern von Bethlehem gewesen sein könnte. Einige behaupten, dass er mit dem Vorbeiziehen eines Kometen zusammenfiel oder dass es sich um verschiedene andere stellare Objekte in den Jahren um Jesu Geburt gehandelt haben könnte.

Der Astronom Colin Humphreys schlug beispielsweise vor, dass es sich bei dem sagenumwobenen Stern in Wirklichkeit um einen hellen, sich langsam bewegenden Kometen handelte, der im Sternbild des Steinbocks auftauchte und von chinesischen Beobachtern im Jahr 5 v. Chr. erfasst wurde. Andere Hypothesen besagen, dass im Jahr 4 v. Chr. eine Supernova in der Andromeda-Galaxie sichtbar wurde, sowie mehrere Konjunktionen von Sternen und Planeten. Es gibt historische Aufzeichnungen, die zeigen, dass chinesische und koreanische Astronomen in diesem Jahrhundert eine Nova (ein junger Stern, der normalerweise sehr hell ist) im Sternbild Aquila beobachteten.

Der Astronom Michael Molnar schlug das Jahr 6 v. Chr. als wahrscheinliches Geburtsjahr Jesu vor, indem er diese astronomischen Schlüsselindikatoren sowie astrologische und historische Indikatoren heranzog. Der Astronom David Hughes von der Universität Sheffield, der sich seit den 1970er Jahren mit diesem Phänomen befasst, kam zu dem Schluss, dass es sich um die Konjunktion mehrerer Ereignisse, eine so genannte dreifache Konjunktion, handelte. In diesem Fall standen die Planeten Jupiter und Saturn innerhalb eines kurzen Zeitraums dreimal in einer Linie mit der Sonne und der Erde, und das geschah wahrscheinlich im Jahr 5 v. Chr. Dieses Ereignis findet normalerweise nur alle neunhundert Jahre statt, so dass es auf die Menschen, die es sahen, einen großen Eindruck gemacht haben muss.

Über den Stern von Bethlehem ist schon viel gesagt, gedeutet und geschrieben worden, doch was sich hartnäckig hält, ist die große symbolische Bedeutung, die er für die Christen hat - eine, bei der der Himmel selbst die Geburt eines Herrschers verkündet, indem er einen wundersamen, leuchtenden Stern auf die Erde strahlt.

In den ersten dreihundertfünfzig Jahren nach der Geburt Jesu wurde sein Geburtstag - das so beliebte Weihnachtsfest - nicht gefeiert. In der Bibel wird die Jahreszeit seiner Geburt nicht genannt, aber Historiker haben mehrere Fakten analysiert, um auf den Monat der Geburt Jesu zu schließen. Der britische Theologe Ian Paul bemerkt, dass der erste Anhaltspunkt darin besteht, die Beziehung zwischen den Geburten von Jesus und Johannes dem Täufer festzustellen.[iv] Wenn man bedenkt, wie lange Johannes' Vater als Priester im Tempel dienen musste und wie weit Elisabeth und Maria in ihren Schwangerschaften auseinander lagen, ist die logische Schlussfolgerung, dass Jesus wahrscheinlich im September geboren wurde - er wäre also im Dezember gezeugt worden. Dies steht im Einklang mit anderen Umständen, wie z. B. der Tatsache, dass Hirten bei der Geburt Jesu anwesend waren. Sie waren noch im Freien, was im Winter nicht möglich gewesen wäre.

Erst im vierten Jahrhundert n. Chr. - als die Römer die christliche Religion übernahmen - beschlossen die Kirchenvertreter, die Geburt Jesu zu feiern. Wahrscheinlich aus praktischen Gründen übernahmen sie Daten und Traditionen von heidnischen Feiertagen, wie Mistelzweige, Geschenke, besondere Mahlzeiten, Feste, das Schmücken von Häusern und das Anzünden von Kerzen.

Eines der wichtigsten römischen Feste waren die Saturnalien, mit denen die Wintersonnenwende gefeiert wurde, die nach dem römischen Kalender auf den 25. Dezember fiel. Die Verlegung des Geburtstags von Jesus auf dieses Datum war damals sicherlich sehr beliebt.

Das Aufstellen und Schmücken von Bäumen waren weitere heidnische Traditionen, die aus den nordeuropäischen Ländern stammten, wo der Winter besonders hart war.

Diese Gemeinschaften feierten die Rückkehr des Lebens, die ersten Tage nach der Wintersonnenwende, an denen die Tage wieder länger wurden, indem sie Kerzen auf immergrüne Bäume wie Kiefern aufsteckten. Als das Christentum aufkam, adaptierten sie diese Baumtradition symbolisch zum biblischen Paradiesbaum und begannen, rote Äpfel daran aufzuhängen - ja, dieselben, mit denen Eva Adam verführt hatte. Später adaptierten die Christen diese Idee, indem sie kleine rote Kugeln an grüne Bäume hängten, wie der amerikanische Historiker Kenneth C. Davis es ausdrückt.

Im Mittelalter hatten die Weihnachtsfeiern bereits eine religiöse Bedeutung, auch wenn sie noch viel heidnisches und volkstümliches Flair trugen. Da viele der Feste immer noch weltlich geprägt waren, beschloss die Kirche, diese Tendenz einzudämmen, indem sie vielen der beliebten Geschichten, Legenden und Bräuche eine religiöse Bedeutung verlieh. So wurden zum Beispiel Ernte- und Winterlieder mit einer christlichen Botschaft versehen. Sie predigten auch gegen die übermäßige Fröhlichkeit, die die meisten Menschen während der strengen Wintersaison an den Tag legten.

Die Puritaner in den Vereinigten Staaten wussten so gut über die heidnischen Ursprünge von Weihnachten Bescheid, dass sie das Fest im siebzehnten Jahrhundert für etwa zwanzig Jahre verboten. Doch das Fest war zu populär, um dagegen vorzugehen, so dass es kurze Zeit später wieder eingeführt wurde.

Im neunzehnten Jahrhundert wurde das Weihnachtsfest zu einem Standardfest in den christlichen Gemeinschaften auf der ganzen Welt, nachdem es während der viktorianischen Ära in Großbritannien einen besonderen Aufschwung erfahren hatte.

In Bezug auf die Kontroverse um den Geburtstag Jesu beruhigt Ian Paul die Gläubigen. „Bedeutet das alles, dass wir unsere Zeit damit verschwenden, Weihnachten im Dezember zu feiern? Ganz und gar nicht. Der Hauptpunkt von Weihnachten ist nicht die *Chronologie*, sondern die *Theologie*“.[v]

Kapitel 2 - Leben und Lehren von Jesus Christus

Nach den relativ ausführlichen Berichten über die Empfängnis Marias, ihr Leben während der Schwangerschaft und die Geburt Jesu Christi gibt es in keinem der Evangelien Informationen über seine Kindheit, mit Ausnahme von zwei wichtigen Abschnitten: wie es ihm gelang, vor König Herodes zu fliehen, und seine berühmte Rede im Tempel. Auch über diesen Teil seines Lebens berichten nur Matthäus und Lukas, und zwar jeder auf seine eigene Art und Weise. Matthäus beschreibt die Flucht der Familie nach Ägypten, während Lukas von den Prophezeiungen Simeons und Annas berichtet, als sie Jesus als Kleinkind begegneten, und auch seine Episode im Tempel beschreibt, als er zwölf Jahre alt war.

Dem Tod nur knapp entronnen

Als König Herodes erfuhr, dass die Weisen beschlossen hatten, sich ihm zu entziehen und ihm den genauen Aufenthaltsort des geborenen Messias vorzuenthalten, von dem Herodes glaubte, dass er sein Reich in Zukunft bedrohen würde, geriet er in Rage. Daraufhin ordnete Herodes das Unaussprechliche an: Wenn er dieses eine Kind nicht finden konnte, warum nicht alle töten, die es sein könnten! Matthäus berichtet in seinem Evangelium, dass der König von Judäa Soldaten aussandte, um alle Jungen im Alter von zwei Jahren und jünger in oder in der Nähe von Bethlehem zu töten. Das entsprach genau der Zeit, die er von den Weisen erfahren hatte (Mt 2,16).

Dieses schreckliche Kapitel der römisch-jüdischen Geschichte wurde nicht durch parallele historische Berichte bestätigt, so dass einige Historiker schnell behaupteten, dieses Massaker sei nicht wirklich wahr. König Herodes war eine der wenigen bedeutenden Persönlichkeiten jener Zeit, über die eine vollständige Biografie geschrieben wurde. Der berühmte römisch-jüdische Historiker des ersten Jahrhunderts, Flavius Josephus (37-100 n. Chr.), schrieb ausführlich über Herodes, aber er erwähnte nie den berüchtigten Kindermord

Doch dieser Grund allein reicht nicht aus, um zu dem Schluss zu kommen, dass es nicht geschehen sein kann, zumindest wenn es nach dem Historiker Paul Maier geht, einem ehemaligen Professor für Alte Geschichte an der Western Michigan University. Maier stellt fest, dass Herodes ein Erbauer großer Denkmäler war (der Wiederaufbau des Zweiten Tempels in Jerusalem war eines seiner Projekte, von dem ein Teil, die berühmte Klagemauer, noch erhalten ist). Er war auch ein geschickter Diplomat und Politiker, hatte aber auch ein sehr kompliziertes Familienleben. Herodes hatte zehn Ehefrauen und zeugte viele männliche Erben, die alle ständig um den Thron konkurrierten. In diesem verwickelten Szenario gab es auch zahlreiche intrigante Onkel, Cousins und sogar Schwiegermütter. Manchmal musste Herodes die Dinge selbst in die Hand nehmen, um die Ordnung in seiner Herrschaft aufrechtzuerhalten. So ließ er beispielsweise seine Lieblingsfrau Mariamne, ihre Mutter und die drei gemeinsamen Söhne umbringen.

Auch später im Leben, als Herodes bereits krank und dem Tode nahe war, beschreibt Flavius Josephus ein grausiges Kapitel, das seinen blutrünstigen und ziemlich grausamen Charakter verdeutlicht. Maier beschreibt ihn hier:

Er war paranoid, obwohl er einen gewissen Sinn für die Realität hatte. Er war zum Beispiel besorgt, dass niemand seinen eigenen Tod betrauern würde. Das zeigt natürlich, wie absolut korrekt er war. Sie waren dabei, eine allgemeine Feier vorzubereiten. Und niemand stirbt gerne in dem Wissen, dass trotzdem weiter getanzt wird... Er bittet seine Schwester Salome herein und sagt: „Ich möchte, dass du alle jüdischen Führer im Lande verhaftest und sie im Hippodrom unterhalb des Palastes hier einsperrst."... Also macht sie das, und dann sagt sie: „Bruder, warum tue ich das?" Und Herodes sagt: „Nun, ich weiß, wenn ich sterbe, werden sich die Juden freuen. Also will ich ihnen etwas geben, worüber sie weinen können." Und so lässt er all diese Anführer in diesem Hippodrom hinrichten, so dass Tausende von Haushalten weinen, wenn Herodes der Große stirbt.vi

Es ist eine historische Tatsache, dass er alle Menschen, die sich versammelt hatten, hinrichten ließ. Aber warum berichtet Flavius Josephus über dieses schreckliche Kapitel im Leben des Herodes, nicht aber über die Tötung Hunderter unschuldiger Kinder? Maier macht deutlich, dass es sich bei dem Massaker in jedem Fall um höchstens ein Dutzend Jungen gehandelt haben dürfte, nicht um Hunderte, da Bethlehem eine sehr kleine Stadt war. Bei der damals üblichen hohen Säuglingssterblichkeit gab es ohnehin nicht viele lebende Knaben. Vielleicht glaubte Flavius Josephus also einfach nicht, dass dieser Vorfall neben den vielen blutigen Ereignissen, an denen Herodes in seinem Leben beteiligt war, genug Bedeutung hatte, um erwähnt zu werden. In jedem Fall erinnert uns Maier daran, dass, wie wir in unserem Beruf [der Historiker] sagen, die das Fehlen von Beweisen kein Beweis für das Fehlen des Gesuchten ist.

Ob historisch korrekt oder nicht, das Matthäusevangelium berichtet, dass der Engel Gabriel noch einmal zur Rettung kommt. Er erschien Josef und riet ihm, „nimm das Kind und seine Mutter und flieh nach Ägypten. Bleib dort, bis ich es dir sage; denn Herodes will das Kind suchen und töten" (Mt 2,13).

Maria, Josef und das Jesuskind gingen also nach Ägypten und blieben dort, bis König Herodes starb. Dann beschlossen sie, nach Israel zurückzukehren, aber - und das ist keine Überraschung - Josef war immer noch sehr misstrauisch gegenüber dem Sohn des Herodes, der die Nachfolge auf dem Thron antrat. Josef beschloss also, Jerusalem zu meiden und machte sich auf den Weg nach Nazareth, der Stadt in Galiläa, in der er gelebt hatte, als er Maria heiratete. In diesem abgelegenen Dorf, das nach jüngsten Ausgrabungen nur etwa fünfzig Häuser hatte, verbrachte Jesus seine Kindheit. In dieser Zeit war es üblich, entweder den Namen des

Vaters oder des Herkunftsortes hinzuzufügen, so dass Jesus zu Lebzeiten Jesus Sohn des Joseph (Lukas 4,22; Johannes 1,45; 6,42), Jesus von Nazareth (Apostelgeschichte 10,38) oder Jesus der Nazarener (Markus 1,24; Lukas 24,19) genannt wurde.[vii]

Ein besonderes Kind

Für das jüdische Volk war es üblich, häufig zum Tempel in Jerusalem zu gehen, vor allem bei Festen wie dem Passahfest.

Lukas berichtet über drei interessante Episoden aus der Kindheit Jesu, von denen zwei relativ wenig bekannt sind. Sie stehen im Zusammenhang mit der Prophezeiungstradition des jüdischen Volkes.

Ein Mann namens Simeon und eine Frau namens Anna begegneten Maria und Josef mit ihrem kleinen Jungen zu verschiedenen Zeiten im Tempel. Jedes Mal beeindruckte die Wortwahl der beiden die Eltern, denn beide sprachen von Jesus als einem Gott und einem Menschen, der den Menschen das Heil bringen würde. Keiner von ihnen wusste von den Offenbarungen, die Maria und Josef zur Zeit der Empfängnis und Geburt Jesu erhalten hatten und die - aufgrund der normalen Umstände der damaligen Zeit - eifersüchtig geheim gehalten wurden. Diese Episoden sind als die Prophezeiungen von Simeon und Anna bekannt (Lukas 2,25-40).

Lukas berichtet auch von der Zeit, als Jesus seine eigene Kevin allein zu Haus-Episode erlebte. Josef und Maria waren mit einer großen Gruppe von Verwandten zum Passahfest nach Jerusalem gereist. Als sie die Heimreise antraten, dachten sie, das Kind sei irgendwo bei ihnen in der Herde. Es verging ein ganzer Tag, bis sie merkten, dass Jesus nicht bei ihnen war!

Es dauerte drei Tage, bis Maria und Josef Jesus endlich wiederfanden. Er unterhielt sich beiläufig mit den Ältesten im Tempelvorhof. Lukas berichtet:

Er saß zwischen den Lehrern, hörte ihnen zu und stellte ihnen Fragen. Sein Verständnis und seine Antworten verblüfften alle, die ihn hörten. Als seine Eltern ihn sahen, waren sie schockiert. Seine Mutter fragte ihn: „Sohn, warum hast du uns das angetan? Dein Vater und ich haben uns große Sorgen gemacht und dich gesucht!“ Jesus sagte zu ihnen: „Warum habt ihr mich gesucht? Habt ihr nicht gemerkt, dass ich im Haus meines Vaters sein muss?“

Keines der Evangelien berichtet über einen anderen Teil der Kindheit Jesu. Das nächste Kapitel seiner erstaunlichen Reise führt uns direkt zu seiner Taufe, in der sein Cousin Johannes die Hauptrolle spielt.

Vorbereitung auf das, was kommen sollte

Die Taufe ist ein grundlegender christlicher Ritus, auch wenn sie ihre Wurzeln in anderen alten Traditionen hat. Die jüdische Tevila beispielsweise besteht im Wesentlichen aus einem Reinigungsritual, bei dem der gesamte Körper einer Person in einem gestuften Becken, der *Mikwe*, in Wasser getaucht wird. In den Anfängen des Christentums war die Taufe durch Untertauchen durchaus üblich, doch später wurde die Taufe durch Übergießen des Kopfes des Täuflings zur gebräuchlichsten Form der Taufe.

Obwohl die jüdische Tevila und die christliche Taufe in ihrer Form ähnlich sind, verfolgen sie unterschiedliche Ziele. Nach den jüdischen Gesetzen sind regelmäßige rituelle Bäder vorgeschrieben, zum Beispiel wenn eine Frau kurz vor der Entbindung steht oder um rituell rein zu werden, damit sie den Tempel betreten kann. Die Taufe ihrerseits wurde zu einem der sieben Sakramente, die den Menschen von der Erbsünde , die er seit seiner Vertreibung aus dem Garten Eden in sich trägt, reinigen und die Kraft der Dreifaltigkeit herbeirufen sollen. Jedes Sakrament wird nur einmal im Leben des Gläubigen empfangen.

Als Johannes, der als einer der Vorläufer des Christentums gilt, mit seinen Untertauchritualen begann, betonte er die Notwendigkeit, schlechte Taten zu bereuen. Er soll den Menschen von einer Taufe der Buße zur Vergebung der Sünden erzählt haben (Lukas 3,3).

Die Begegnung zwischen Jesus und seinem Cousin Johannes wird in allen vier Evangelien geschildert. Dieser sehr angesehene Sohn des Priesters Zacharias zog große Menschenmengen an und wurde durch seine Predigten und rituellen Taufen so berühmt, dass die Leute sich zu fragen begannen, ob er vielleicht tatsächlich der Messias sei. Johannes antwortete diesen Menschen: „Ich taufe euch mit Wasser. Aber es kommt einer, der mächtiger ist als ich. Ich bin nicht würdig, ihm die Riemen seiner Sandalen zu lösen. Er wird euch mit dem Heiligen Geist und mit Feuer taufen" (Lukas 3,16).

Als Jesus zu Johannes kam, öffnete sich nach den Evangelien der Himmel, und eine Taube kam herab, die den Heiligen Geist repräsentierte. Dann hörte man eine Stimme vom Himmel, die sagte, dass dieser Mann, der getauft wurde, sein Sohn sei.

Matthäus berichtet, dass Jesus Christus nach seiner Taufe seinen Nachfolgern befahl, alle Völker zu Jüngern zu machen und sie auf den Namen des Vaters und des Sohnes und des Heiligen Geistes zu taufen (Matthäus 28,19-20) - daher auch die Aufnahme dieses Satzes in jede christliche Taufe.

In den ersten Jahrhunderten des Christentums wurden die Taufen meist an Erwachsenen durchgeführt. Die Mehrheit der Anhänger dieser neuen Religion waren griechisch-römische Heiden, so dass die Taufe von Kindern erst nach dem zweiten Jahrhundert zur Norm wurde.

Johannes der Täufer war zweifellos eine außergewöhnliche Persönlichkeit, die ein dramatisches Leben führte und einen schrecklichen Tod erlitt. Er führte ein asketisches Leben, das er während seiner Jahre in der Wüste zusammen mit Mönchsgemeinschaften wie der strengen Sekte der Essener und einigen Eremiten gelernt hatte. Markus zufolge ernährte er sich von Heuschrecken und wildem Honig, und seine Kleidung war aus Kamelhaar. Er muss schon damals ein beeindruckender Anblick gewesen sein. Johannes wurde von dem Sohn des Herodes, Herodes Antipas, umgebracht, weil er die illegale Verlobung des Königs mit der ehemaligen Frau seines Halbbruders kritisiert hatte. Aufgrund dieser Kritik wurde Johannes ins Gefängnis geworfen und später enthauptet.

Der Einfluss von Johannes ist enorm. Auch der Islam betrachtet ihn als einen der Propheten und erwähnt ihn und seinen Vater Zacharias ausführlich in seinem heiligen Buch, dem Koran. Er wird auch von Flavius Josephus in seinen *Antiken der Juden* erwähnt, wo er im Wesentlichen über die Beziehung von Johannes zu Herodes Antipas berichtet.

Nach seiner Begegnung und Taufe mit Johannes verbrachte Jesus über einen Monat fastend in der judäischen Wüste, wahrscheinlich beeinflusst durch die Erfahrungen seines Cousins in diesem kargen Land. Die Zeitspanne, die er für seinen Aufenthalt wählte, nämlich vierzig Tage, ist numerologisch bedeutsam, da sie an mehrere wichtige Stellen in der Bibel erinnert. So lange fastete Mose auf dem Berg Zion, und die Israeliten waren vierzig Jahre lang durch unfruchtbares Land gezogen, bevor sie das verheißene Land von Milch und Honig erreichten, das Gott Abraham versprochen hatte und das vom Strom Ägyptens bis zum großen Strom, dem Euphrat (1. Mose 15,18), reichte. Es war immer umstritten, ob es sich bei diesem Fluss Ägyptens tatsächlich um den Nil selbst oder um einen Bach südlich von Gaza handelt.

In einigen Berichten heißt es, dass diese Reise in die Wüste Jesus bis nach Indien oder Tibet führte, wo er viele Heilmethoden und einige Grundsätze gelernt haben könnte, die er später umsetzte und die den buddhistischen Idealen ähneln.

Die Erfahrung, die Jesus in der Wüste machte, hatte einen großen Einfluss auf ihn. Viele vermuten, dass sie ihm die Kraft und Entschlossenheit gab, die er brauchte, um danach seinen Dienst zu beginnen. Nur die synoptischen Evangelien berichten über diesen Abschnitt im Leben Jesu. Sie berichten, dass er bei drei Gelegenheiten vom Teufel zur Sünde verleitet wurde, was die Christen als die Versuchungen Christi bezeichnen.

Zunächst, nachdem Jesus zu hungern begann, forderte der Teufel ihn auf, einen Stein in Brot zu verwandeln - das war die erste Versuchung. Dann bot er Jesus an, über alle Reiche zu herrschen, wenn er sich bereit erklärte, ihn zu verehren. „All die Macht und Herrlichkeit dieser Reiche will ich dir geben; denn sie sind mir überlassen und ich gebe sie, wem ich will. Wenn du dich vor mir niederwirfst und mich anbetest, wird dir alles gehören.“, sagte er laut dem Lukasevangelium (Lk 4,6-7). Dies war die zweite Versuchung. Bei der dritten Versuchung versuchte der Teufel, Jesus dazu zu bringen, seinen Einfluss als Sohn Gottes zu nutzen, indem er ihn dazu verleitete, von der Spitze des Tempels zu springen, weil sein Vater ohnehin vom Himmel herabkommen würde, um ihn zu retten.

Jedes Mal, wenn der Teufel Jesus Christus in Versuchung führte, weigerte dieser sich zu schwanken. Interessant ist, dass Jesus bei jeder Abfuhr das Buch Deuteronomium zitierte, eines der Bücher der Thora, das zum fünften Buch des Alten Testaments wurde. Dies beweist, dass er sich streng an die jüdischen Gesetze hielt.

Nachdem es ihm nicht gelungen war, Jesus auf seine Seite zu locken, gab der Teufel schließlich auf. Es war Zeit für Jesus, nach Nazareth zurückzukehren. Laut Lukas war er zu diesem Zeitpunkt etwa dreißig Jahre alt.

Wunderbringer und Heiler

Der erste Versuch von Jesus Christus, ein Prediger oder Messias zu werden, war erfolglos. In seiner Heimatstadt war er nicht sehr willkommen, und so beschloss er, durch andere Orte in der Region Galiläa zu ziehen. Doch schon bald begann er, Anhänger zu sammeln. „Kommt, folgt mir nach! Ich werde euch lehren, wie man Menschen statt Fische fängt", sagte er zu zwei Fischern, Andreas und Simon. Diese beiden Männer, die auch Brüder waren, wurden die ersten beiden der zwölf Jünger Jesu, auch bekannt als die zwölf Apostel, die die engsten Anhänger Jesu und die wichtigsten Lehrer seiner Botschaften waren.

Starke und leidenschaftliche Aussagen, wie die, die er Andreas und Simon gegenüber machte, waren Teil der Anziehungskraft von Jesus und verhalfen ihm zu seinem Ruhm als Prediger. Es ist wichtig zu wissen, dass er sich selbst nie als Messias bezeichnete.

Andreas und Simon waren hellenisierte Juden, daher der gemischte Ursprung ihrer jeweiligen Namen. Andreas stammt von dem griechischen Begriff *andros*, also Mann, ab. Simon ist ein aramäischer Name, obwohl er später Petrus wurde. Jesus sah in Simon eine tragende Säule seines Dienstes und sagte ihm, dass er der Fels seiner Kirche sein würde. Diese neue Wahl des Namens Petrus ergab sich aus einem Spiel mit den Begriffen *Petros* und *petra*, die im Griechischen Fels bedeuten und im Hebräischen mit Kieselstein übersetzt werden können. Im Matthäusevangelium wird diese Namensänderung jedenfalls in einer etwas verwirrenden Formulierung deutlich: „Simon, Sohn des Jona, du bist gesegnet! Kein Mensch hat dir das offenbart, sondern mein Vater im Himmel hat es dir offenbart. Du bist Petrus, und ich kann dir versichern, dass ich auf diesen Felsen meine Kirche bauen werde ... Ich werde dir die Schlüssel des Himmelreichs geben." Wir können hier sehen, wie wichtig dieser Jünger für Jesus war. Tatsächlich wurde er später der erste Patriarch von Antiochia und der erste Bischof von Rom, dem Herzen des Reiches. Auf jeden Fall gilt Petrus als Fels, auf dem die Institution der Kirche errichtet wurde. Der Vatikan, die heutige Hauptstadt des Katholizismus, hat daher seine päpstliche Basilika nach dem Heiligen Petrus benannt.

Petrus (oft auch Simon Petrus genannt) und Andreas bildeten zusammen mit zwei anderen Geschwistern, Jakobus und Johannes - ebenfalls Fischer - ein wichtiges Quartett in der Gruppe der zwölf Jünger, die Jesus auf seinen Reisen begleiteten. Die anderen acht waren Philippus, Bartholomäus, Matthäus (in den Evangelien Levi genannt), Thomas, Jakobus, Thaddäus (oder Judas), Simon der Kanaanäer (oder der Zelot) und Judas Iskariot.

Eines der ikonischsten Wunder Jesu Christi, die Verwandlung von Wasser in Wein, wird in den synoptischen Evangelien nicht erwähnt; stattdessen wird es nur von Johannes erwähnt. Er berichtet, dass Jesus, seine Mutter und die Jünger zu einer Hochzeit in der galiläischen Stadt Kana eingeladen waren. Dort angekommen, berichtet Maria ihrem Sohn, dass dem Gastgeber der Wein ausgegangen sei, woraufhin er antwortet: „Oh Frau, was hat das mit mir zu tun? Meine Stunde ist noch nicht gekommen." (Dieser Moment im Leben Jesu stand noch am Anfang seines Wirkens, er war also noch nicht berühmt.) Dennoch sagt Maria den Dienern, sie sollen die Anweisungen Jesu befolgen und die Gefäße mit Wasser füllen, dann ein Glas herausnehmen und es dem Oberkellner bringen. Dieser war erstaunt über das, was er trank, und ging zum Bräutigam, um zu kommentieren, dass man sonst immer den besten Wein zuerst servierte und erst später, nachdem die Leute betrunken waren, der Gastgeber den billigen Wein auftischt. Der Bräutigam aber, so der Kellner, hatte den besten Wein für später aufgespart (Johannes 2,10). Dies war das erste öffentliche Wunder Jesu.

Von da an wuchs der Ruhm Jesu als Wunderbringer und Heiler in ganz Galiläa und sogar bis nach Syrien hinauf.

Die Menschen brachten ihm alle Kranken, die an irgendeiner Art von Krankheit oder Schmerzen litten. Sie brachten auch Epileptiker, Gelähmte und von Dämonen Besessene [darunter einen Jungen und mehrere Stumme], und er heilte sie alle. Große Menschenmengen folgten ihm. Sie kamen aus Galiläa, den Zehn Städten, Jerusalem, Judäa und von der anderen Seite des Jordans. (Matthäus 4:24-25)

Die Evangelien beschreiben, wie Jesus eine schwere Hautkrankheit heilte, bei der es sich wahrscheinlich um Lepra handelte, wie er mehreren Männern das Augenlicht zurückgab und wie er eine Frau heilte, die zwölf Jahre lang geblutet hatte. Jesus hat für keine dieser Taten eine Bezahlung verlangt oder erhalten. Die Wunder häuften sich in demselben Rhythmus wie sein Ruhm.

Neue Ideen werden gehört

Jesus wurde auch durch seine eindrucksvollen Reden bekannt, deren Lehren für seine Zeit als revolutionär galten. Seine längste, und manche würden sagen, die berühmteste von allen, ist die Bergpredigt. Nur Matthäus hat sie in seinem Evangelium dokumentiert. Als Jesus eine große Menschenmenge um sich versammelt sah, beschloss er, auf einen Berg zu steigen, um von oben zu ihnen zu sprechen. Man ist sich allgemein einig, dass der wahrscheinlichste Ort für diese Predigt ein Hügel war, der sich am nordwestlichen Ufer des Sees Genezareth in Galiläa erhebt und eine hervorragende akustische Kulisse bietet. Heute ist er als Berg der Seligpreisungen bekannt.

Was aber ist so relevant an der Bergpredigt? Die meisten Gelehrten und Theologen sind sich einig, dass die Bergpredigt die Grundlage für die Ethik und die moralischen Grundsätze des Christentums bildet und dass sie von einem zutiefst spirituellen Wunsch nach Mitgefühl erfüllt ist. Es enthält auch den Kern dessen, was zum geliebten Gebet der Christen wurde, dem Vaterunser, das Millionen von Menschen täglich und bei jeder Messe beten.

Jesus hat die Verhaltensregeln des Alten Testaments im Grunde neu interpretiert, doch die Art und Weise, wie er sie neu verpackte, bewegte die Menschen und erschütterte ihre vorgefassten Überzeugungen.

Die Summe der Lehren Jesu in seiner Bergpredigt ist als Seligpreisungen bekannt geworden, acht Segnungen, die in einem sprichwortartigen Stil formuliert sind. Das Wort stammt aus dem Griechischen *beati*, was glücklich oder gesegnet bedeutet, und sie sind in ihrer Bedeutung sehr friedlich: „Selig sind die Trauernden. Sie werden getröstet werden ... Selig sind die Barmherzigen, denn sie werden Barmherzigkeit erlangen ... Selig sind die, die Frieden stiften. Sie werden Gottes Kinder genannt werden", und so weiter. Lukas berichtet, dass Jesus vier dieser Segenssprüche auch in seiner Predigt auf der Ebene rezitierte.

Der berühmte christliche Philosoph Augustinus von Hippo (heute Algerien) schrieb in seinem vielgelesenen *Kommentar zur Bergpredigt*, dass: „jeder, der fromm und ernsthaft über die Bergpredigt nachdenkt ... glaube ich, wird darin ... den vollkommenen Maßstab für das christliche Leben finden." Zusammenfassend kann man sagen, dass man in dieser Predigt die höchste Verkörperung der Moraltheologie des Christentums findet.

Der italienische Philosoph und Theologe Thomas von Aquin ging sogar noch weiter und definierte die Seligpreisungen als vollkommene Werke, die aus den Tugenden hervorgehen, die durch die Gaben des Heiligen Geistes vervollkommnet werden. Auf diese Weise wird die Bergpredigt mit einer Prophezeiung Jesajas verknüpft, die besagt, dass „der Geist des Herrn auf ihm [dem Messias] ruhen wird, der Geist der Weisheit und des Verstandes, der Geist des Rates und der Stärke, der Geist der Erkenntnis und der Furcht des Herrn" (Jesaja 11,2-3).

Weitere innovative Lehren, die Jesus auszeichneten, waren die Art und Weise, wie er über die Kontrolle des Zorns, den Umgang mit der Sexualität, die Bedeutung der Ehrlichkeit und die Überwindung des Hasses sprach, um ihn in bedingungslose Liebe zu verwandeln, neben anderen spirituellen Themen.

Nach dem Matthäus-Evangelium sagt Jesus Christus:

Ihr habt gehört, dass gesagt worden ist: Auge um Auge und Zahn um Zahn. Ich aber sage euch, dass ihr euch einem bösen Menschen nicht widersetzen sollt. Wenn dich jemand auf die rechte Wange schlägt, halte ihm auch die andere hin. Wenn dich jemand verklagen will, um dir dein Hemd zu nehmen, dann gib ihm auch deinen Mantel. Wenn dich jemand zwingt, eine Meile zu gehen, dann gehe zwei Meilen mit ihm... Ihr habt gehört, dass gesagt wurde: Liebe deinen Nächsten und hasse deinen Feind. Ich aber sage euch dies: Liebt eure Feinde, und betet für die, die euch verfolgen. (Matthäus 5:38-44)

Dieser Abschnitt enthält einige der wichtigsten Lehren des Christentums: Halte die andere Wange hin und liebe andere wie dich selbst. Auch Lukas bietet eine ähnliche Version dieser Lehren in seinem Evangelium.

In verschiedenen Teilen Israels wurden weiterhin Wunder vollbracht, und die Lehren wurden in vielen Köpfen wie ein Feuer entfacht. Bei zwei Gelegenheiten beschloss Jesus, die Nahrung zu vervielfältigen, um sie an die Menschen zu verteilen. Alle vier Evangelien berichten über den ersten Fall, als er aus den mageren Portionen, die ihm ein Junge gegeben hatte, fünftausend Menschen satt machen konnte. Johannes berichtet: Und er nahm die fünf Brote und die zwei Fische, blickte zum Himmel auf, segnete und brach sie und gab sie den Jüngern, damit sie sie der Menge vorsetzten. Und alle aßen und wurden satt. Was übrig blieb, wurde aufgesammelt, zwölf Körbe mit Brocken (Johannes 6,11).

Im zweiten Fall, in dem Jesus ein ähnliches Wunder vollbrachte, das nur im Markus- und im Matthäusevangelium erwähnt wird, gelang es ihm, eine große Menschenmenge von viertausend Menschen zu speisen, die drei Tage lang bei ihm geblieben waren und nichts zu essen hatten.

Diese Wunder, vor allem wegen der schieren Größe ihrer Leistung, verschafften der Gestalt Christi und seinen immensen Kräften noch mehr Anerkennung. Die symbolische Geste, die sie vermittelten - dass der Herr immer auf seine Herde aufpassen wird - war sehr stark.

Sobald Jesus begann, seinen Ruhm in ganz Judäa zu mehren, war es unvermeidlich, dass er sich auch Feinde zuzog. Aufgrund seiner unorthodoxen Sichtweise der Schriften und einiger seiner Predigten, in denen er einige der festen Gewohnheiten seiner Zeit kritisierte, insbesondere die einiger sehr einflussreicher Priester innerhalb der jüdischen Gemeinschaft, war er „auf zu viele Zehen getreten".

Einmal waren Leute von der Gemeinschaft der Pharisäer aus Jerusalem gekommen, um Jesus zu treffen. Die Pharisäer, die sehr strenge Anhänger der alten jüdischen religiösen Normen waren, sahen, dass einige seiner Jünger sich nicht an die traditionellen Normen der Sauberkeit hielten, und begannen, sie zu kritisieren. Jesus gefiel das überhaupt nicht und er ging mit harten Worten gegen die Pharisäer vor. „Warum brecht ihr das Gebot Gottes um eurer Traditionen willen? ...Was in den Mund eines Menschen hineingeht, macht ihn nicht unrein. Es ist das, was aus dem Mund kommt, was den Menschen unrein macht“, sagte er zu allen Anwesenden. Dies war nicht die einzige unangenehme Begegnung mit den Pharisäern, denn die Evangelien beschreiben noch weitere Fälle, in denen diese jüdische Gruppe ihre Verachtung für Jesus deutlich zum Ausdruck brachte.

Jesus setzte seine Reisen und Predigten mit einer Reihe von beeindruckenden Wundern fort. Er ging über Wasser, heilte mehrere Kranke, reinigte von Dämonen besessene Menschen und ließ sogar Menschen vom Tod auferstehen. Einmal erweckte er den Sohn einer trauernden Witwe wieder zum Leben, die nur dieses Kind hatte und sonst niemanden. Jesus ging zu dem Sarg und sagte: „Junger Mann, ich sage dir, dass du wieder lebendig werden sollst!“ (Lukas 7,14). Sofort stand das Kind auf und begann zu sprechen. Alle waren erstaunt.

Der vielleicht berühmteste Fall, in dem Jesus einen Menschen wieder zum Leben erweckte, war der des Lazarus. Nach dem Johannesevangelium war dieser Mann bereits seit vier Tagen tot, als Jesus von seinem Zustand erfuhr. Jesus stand seinen Schwestern, Martha und Maria von Bethanien, sehr nahe und versprach, ihnen zu helfen. Als er zu dem Felsen kam, hinter dem Lazarus begraben worden war, befahl Jesus, den Stein wegzuschaffen. Bevor er etwas anderes tat, schaute er zuerst in den Himmel und sagte: „Vater, ich danke dir, dass du mich erhörst. Ich habe gewusst, dass du mich immer hörst. Dies aber habe ich gesagt, damit die Menge, die um mich herumsteht, glaubt, dass du mich gesandt hast“ (Johannes 11,41-42). Dann befahl er Lazarus, herauszukommen.

Alle staunten über dieses beeindruckende Wunder, das den Ruhm Jesu nur weiter mehrte, ihm aber auch noch mehr Feindseligkeit einbrachte. Einige Hohepriester und Pharisäer trafen sich, um darüber zu beraten, was man gegen diesen Mann, diesen Unruhestifter, der in ihren Augen immer gefährlicher wurde, unternehmen könnte. „Wenn wir ihn so weitermachen lassen, wie er es tut, werden alle an ihn glauben. Dann werden uns die Römer unsere Stellung und unser Land wegnehmen“, berichtet Johannes von den Gesprächen, die sie führten. Er berichtet in seinem Evangelium auch, dass sie in diesem Moment begannen, den Tod Jesu zu planen. Der Rat, ein Gericht, das sich aus wichtigen Mitgliedern der jüdischen Gemeinde zusammensetzte, ordnete an, ihn zu verhaften, sobald sie seinen Aufenthaltsort herausfänden, was während des nächsten Passahfestes geschehen sollte.

Ein weiterer wichtiger Aspekt des Wirkens Jesu betraf die geistige Heilung vieler Menschen, die zu ihm kamen. Ein Pharisäer lud Jesus zum Essen in sein Haus ein (nicht alle hatten beschlossen, ihn als Feind zu sehen), und als sie am Tisch saßen, kam eine Frau, die als Sünderin bekannt war, zu ihm und bat ihn um Vergebung. Lukas berichtet, dass sie ein Fläschchen mit Parfüm nahm und zu seinen Füßen kniete. Sie weinte und wusch seine Füße mit ihren Tränen. Dann trocknete sie seine Füße mit ihrem Haar, küsste sie immer wieder und goss das Parfüm über sie.

Der Pharisäer war entsetzt, dass Jesus zuließ, dass diese sündige Frau ihn berührte. Also beschloss er, dem Pharisäer eine Lektion zu erteilen, indem er ihn nicht einmal direkt ansprach, sondern sich an seinen Jünger Petrus wandte - was seine Verachtung gegenüber dem Pharisäer zum Ausdruck gebracht hätte. Jesus fragte Petrus: „Zwei Männer waren einem Geldverleiher Geld schuldig. Der eine war ihm fünfhundert Silbermünzen schuldig, der andere fünfzig. Als sie es nicht zurückzahlen konnten, war er so freundlich, ihnen die Schulden zu erlassen. Was glaubst du nun, wer ihn am meisten lieben wird?“ Petrus antwortete: „Ich nehme an, derjenige, dem die größte Schuld erlassen wurde.“ Jesus antwortete: „Du hast recht!“ (Lukas 7:41-43).

Mit dieser einfachen, aber eindringlichen Geschichte lehrte Jesus alles, was er dem Pharisäer sagen musste - dass jeder gesündigt hat, aber diese Frau, die um besondere Vergebung gebeten hatte, würde die Tatsache am meisten zu schätzen wissen, dass Jesus ihr mehr als allen anderen Menschen verzieh. „Dein Glaube hat dich gerettet. Geh hin in Frieden!“ (Lukas 7,50).

Das berühmteste Beispiel für das Wirken Jesu in Bezug auf die Vergebung von Sünden ist zweifellos das mit Maria Magdalena. In allen kanonischen Evangelien wird diese Frau erwähnt - insgesamt zwölf Mal, mehr als jeder andere Jünger -, was von der großen Bedeutung zeugt, die sie im Leben Jesu hatte. Die gesamte Geschichte der westlichen Zivilisation ist im Kult der Maria Magdalena verkörpert. Über viele Jahrhunderte hinweg wurde diese Frau, die am obsessivsten von allen Heiligen verehrt wurde, zur Verkörperung der christlichen Frömmigkeit, die als Buße definiert wurde, erklärt der amerikanische Historiker, Journalist und ehemalige Priester James Carroll.[viii] Und dies ist ein grundlegendes Konzept im Christentum: Wenn man seine Sünden bereut, wird einem vergeben und man kann in das Reich Gottes, auch bekannt als Himmel, eingehen.

Aber wer war diese geheimnisvolle Frau, die bei Leiden, Kreuzigung und Auferstehung Jesu so präsent war? Magdalena war kein Teil von Marias Namen, sondern vielmehr der Ort, aus dem sie stammte: das galiläische Fischerdorf Magdala.

Lukas ist der Einzige, der sie vor dem Tod Jesu erwähnt. Er identifiziert Maria Magdalena als Teil einer Gruppe von Frauen, die Jesus auf seiner Reise begleiteten und von denen sieben Dämonen ausgegangen waren (Lk 8,2). Aber was waren das für Dämonen, die sie hatte? Es gibt in keinem der Evangelien einen Hinweis auf ihre Natur, und das Wort kann viele Interpretationen haben, je nachdem, ob man es aus hebräischer oder heidnischer Sicht betrachtet. Es wurde behauptet, dass sie eine Prostituierte war, eine Frau mit einem sorglosen Lebensstil. Niemand weiß das mit Sicherheit, aber es ist bekannt, dass sie eine wichtige Person im Leben Jesu war, eine vertrauenswürdige Begleiterin und ein Jünger. Viele spekulieren, dass sie sogar seine Frau gewesen sein könnte, obwohl keines der Evangelien auf diese Behauptung hindeutet; allerdings wird ihr eine herausragende Stellung eingeräumt, woraus sich das Argument ableitet, dass sie seine Frau war.

Die historischen männlichen Ansichten, die in den meisten Kulturen vorherrschten, waren vielleicht der Grund dafür, dass Papst Gregor der Große Maria Magdalena im sechsten Jahrhundert zur Prostituierten erklärte. „Es gibt viele Gelehrte, die argumentieren, dass die Tatsache, dass Jesus schon früh in seinem Wirken Frauen in einem solchen Ausmaß befähigte, einigen der Männer, die später die frühe Kirche leiteten, Unbehagen bereitete“, argumentiert Robert Cargill, Redakteur bei *Biblical Archaeology Review*. Und so gab es zwei Reaktionen darauf. Die eine war, sie in eine Prostituierte zu verwandeln.

Maria wurde größtenteils beiseite geschoben, bis die katholische Kirche 1969 einräumte, dass es in der Bibel keine einzige Erwähnung gab, die bezeugen könnte, dass sie eine Prostituierte war. Maria Magdalena ist heute offiziell eine Heilige. Sie verkörpert einen Teil des fortschrittlichen Charakters der Verkündigung und Lebensweise Jesu. Zu jener Zeit war es nicht üblich, Frauen als Jüngerinnen zu sehen, und so war es ein bedeutendes Symbol weiblicher Macht, dass sie von Jesus so respektiert wurde und in bestimmten Momenten seines Lebens eine herausragende Stellung einnahm.

Maria Magdalena wird auch in anderen nicht-kanonischen Schriften genannt, z. B. in den gnostischen Evangelien, einer Gruppe von Papyruskodizes aus dem zweiten und dritten Jahrhundert nach Christus, die 1945 in Ägypten gefunden wurden. Sie werden auch als Bibliothek von Nag Hammadi bezeichnet, nach der nahe gelegenen Stadt, in der sie entdeckt wurden. Einige dieser Dokumente sind christlich (wenn auch nicht offiziell als kanonisch anerkannt), andere sind eher agnostischer Natur. Dazu gehören Texte wie das Philippus- und das Thomasevangelium, das Gebet des Apostels Paulus und die Seelenexegese, die bis zu hundert Bücher und Auszüge aus zwei weiteren Büchern umfassen.

Passion und Tod

Jesus sagte voraus, was mit ihm geschehen würde, wie er sterben würde und dass er wieder auferstehen würde. Er sprach zu seinen Jüngern über sein Schicksal und darüber, dass er ins Leben zurückkehren würde - nicht nur einmal, sondern dreimal.

Das letzte Mal berührte er das Thema kurz vor seinem Einzug in Jerusalem, als er seine Jünger zur Seite nahm und sagte: „Der Menschensohn wird den Hohepriestern und den Kennern der Lehre des Mose verraten werden. Sie werden ihn zum Tode verurteilen und ihn an Fremde ausliefern. Sie werden ihn verhöhnen, auspeitschen und kreuzigen. Aber am dritten Tag wird er wieder zum Leben erweckt werden“ (Mt 20,17-19). Dies erschütterte die Jünger natürlich erneut, wie schon bei seiner ersten Erwähnung, und sie konnten diese Worte immer noch nicht ernst nehmen, bis das Unvermeidliche geschah.

Auch im Alten Testament gibt es Hinweise auf das Schicksal Jesu. Jesaja hatte prophezeit, warum und wie dieser Messias getötet werden würde: „Er war verachtet und von den Menschen verworfen ... er wurde um unserer Übertretungen willen verwundet, um unserer Missetaten willen zerschlagen; die Strafe unseres Friedens lag auf ihm“ (Jesaja 53,3). Nach christlichem Glauben hat Jesus zu keinem Zeitpunkt gesündigt; er hat lediglich die Sünden der Menschheit auf sich genommen, und für diese wurde er bestraft. Er opferte sich, um die Menschheit zu retten. Dieser Gedanke ist für das Verständnis des Kerns des Christentums wesentlich.

Bevor er in Ungnade fiel, zog Jesus Christus wie ein König in Jerusalem ein - der Hauptstadt der jüdischen Provinz, die für ihn ein wichtiger Ort war, um sein Wort weiter zu verbreiten. Am Vorabend des Passahfestes versammelte sich eine große Menschenmenge auf der Straße, um ihn zu empfangen. Die Menschen jubelten ihm zu und riefen: „Hosianna dem Sohn Davids! Gesegnet sei der, der im Namen des Herrn kommt! Hosianna im höchsten Himmel!“ Dieser Satz ist in vielerlei Hinsicht entscheidend. Jesus wird mit *Hosanna* begrüßt, einem Wort der Anbetung, das sich sowohl in der hebräischen als auch in der aramäischen Sprache auf das Konzept der Rettung bezieht, auf jemanden, der ein Retter ist.

Sowohl Juden als auch Christen verwenden den Begriff Hosanna regelmäßig für zeremonielle Zwecke. Darüber hinaus ist der gesamte Satz, den das Volk von Jerusalem Jesus zurief, heute in jeder liturgischen Messe enthalten.

Ein weiterer symbolischer Aspekt dieses Tages ist die Tatsache, dass diejenigen, die gekommen waren, um den triumphalen Einzug Jesu in Jerusalem zu sehen, Palmzweige mit sich führten. In der Antike waren diese ein Symbol für das ewige Leben, das Wohlergehen und den Sieg. In vielen Ländern der Welt werden aus Palmzweigen, die von einem Priester gesegnet wurden, Kreuze und andere Kunstwerke hergestellt. An Orten, an denen diese Art von Baum nicht zur Verfügung steht, ist es üblich, Palmen durch Weiden-, Buchs-, Eiben- oder Olivenzweige zu ersetzen. Die Christen haben den Palmzweig als Symbol übernommen und eine Tradition daraus gemacht, indem sie am Palmsonntag Palmzweige verteilten. Dieser Tag erinnert daran, dass Jesus wie ein König in Jerusalem empfangen wurde, und findet eine Woche vor Ostern statt, dem Tag, an dem die Auferstehung Jesu gefeiert wird. Der Palmsonntag gilt als eines der wichtigsten Feste im christlichen Religionskalender. Die Ereignisse, die Jesus an diesem Sonntag widerfahren sind, waren so bedeutsam, dass sie in allen vier

Evangelien mit besonderer Ausführlichkeit erwähnt werden.

Nach seiner Ankunft in Jerusalem verlor Jesus keine Zeit, und in den Tagen vor dem Passahfest setzte er seine Angriffe auf die jüdischen Führer und Pharisäer fort. Mit scharfen Worten kritisierte er ihre Heuchelei: „Wie schrecklich wird es für euch sein, ihr Kenner der Lehren des Mose und Pharisäer! Ihr Heuchler! Ihr gebt Gott ein Zehntel eurer Minze, eures Dills und eures Kümmels. Aber Gerechtigkeit, Barmherzigkeit und Treue habt ihr vernachlässigt ... Ihr reinigt die Becher und Schüsseln von außen. Aber innen sind sie voller Habgier und unkontrollierter Begierde" (Mt 23,13-26).

Die jüdischen Führer beschlossen ein für alle Mal, dass sie genug von diesem widerspenstigen selbsternannten Messias hatten, und planten seinen endgültigen Untergang. Jesus wusste, dass dies einige seiner letzten Tage auf der Erde sein würden, und er begann, sich selbst und die Menschen um ihn herum auf die kommenden Ereignisse vorzubereiten.

Jesus versammelte seine Jünger auf dem Ölberg und gab ihnen einige letzte Anweisungen. Er sagte das Ende der Zeiten und die Geburt einer neuen Welt voraus und sagte: „Keiner dieser Steine wird auf dem anderen liegen bleiben." Das spielt darauf an, dass es auf der Erde viel Aufruhr geben wird, aber dass danach dieses neue Reich kommen wird.

Die Jünger fragten ihn, was die Zeichen für das Ende der Welt sein würden. Jesus sagte, dass es schreckliche Ereignisse geben werde, die aber nicht das Ende ankündigen würden. Im Gegenteil, diese Endzeit werde erst dann eintreten, wenn die gute Nachricht vom Reich in der ganzen Welt verbreitet sei, womit im Wesentlichen seine Lehren gemeint sind. Die Vorhersage Jesu über das Ende der Zeiten und das schließliche Kommen des Himmelreichs ist in Matthäus 25 dargelegt. Es ist ein nüchterner Ausblick, aber er sagt auch eine strahlende Zukunft für diejenigen voraus, die Jesus retten wollte, die, wie er voraussagte, diejenigen sein würden, die in das Reich Gottes kommen würden.

Dieses ausführliche Gespräch zwischen Jesus und seinen Jüngern fand in der Nacht statt, in der er verraten werden sollte. Die jüdischen Patriarchen hatten bereits einen Haftbefehl gegen ihn ausgestellt, und eine Gruppe von Leuten suchte nach ihm. Einer der Jünger hatte sich mit ihnen getroffen und behauptet, er wisse, wo Jesus sei, und er könne sie zu ihm führen. Er sagte, dass derjenige, den er auf die Wange küsse, der selbsternannte Messias sei.

Jesus und die Jünger trafen Vorbereitungen, um in einem Haus in der Stadt ihr Passahmahl einzunehmen. Als sie alle beisammensaßen, sagte Jesus, dass er wisse, wer den Hohepriestern seinen Aufenthaltsort verraten habe, und dass er genau in diesem Raum sitze. Er sagte auch, dass das Zeichen ein Kuss auf die Wange sein würde. Alle Jünger waren entsetzt, und jeder fragte, wer von ihnen es sein könnte. Einer stach in dieser Nacht heraus - Judas Iskariot. Als er fragte: „Du meinst doch nicht etwa mich, Rabbi?" antwortete Jesus: „Doch, ich meine dich." Er wusste im Voraus, wer der Verräter war (Mt 26,25).

Während dieses Abendessens, das als letztes Abendmahl bekannt ist, gab Jesus den Jüngern eine ganze Reihe von Empfehlungen und Anweisungen, die sie befolgen sollten, damit seine Lehren in der Welt verbreitet werden konnten. Er wusste, dass dies seine letzte Nacht als freier Mann vor seiner Kreuzigung am nächsten Tag sein würde. Dieses Passahmahl war eine Möglichkeit, seine Verpflichtung gegenüber den Jüngern zu besiegeln, ihnen die Kraft zu geben, die sie brauchten, um sein Vermächtnis fortzuführen, andere seine Lehre zu lehren und seine Kirche aufzubauen. In diesem Moment führte er das Ritual der Eucharistie ein, das auch als Heilige Kommunion oder Abendmahl bezeichnet wird und einen grundlegenden Aspekt des Christentums darstellt. Dieser Ritus wird bei jeder Messe und bei anderen sakramentalen Handlungen wie der Erstkommunion, der Firmung und der Eheschließung vollzogen.

In den drei synoptischen Evangelien sowie im Ersten Korintherbrief (ebenfalls Teil des Neuen Testaments) heißt es, dass die Eucharistie zwei Symbole beinhaltet: Brot, das das Fleisch Jesu Christi symbolisiert, und Wein, der sein Blut darstellt. Nach der christlichen Lehre verkörpern sie sein Opfer für die Menschheit, da der Wein und das Brot sein Fleisch und Blut darstellen, das Fleisch und Blut eines Menschen, der sein Leben für die Rettung aller Menschen auf der Erde gegeben hat.

Die Evangelien berichten von den genauen Worten, die Jesus in jener schicksalhaften Nacht sprach, Worte, die in jeder christlichen Messe auf der ganzen Welt wie ein Mantra wiederholt werden. Er nahm das Brot, segnete es, brach es, gab jedem Jünger ein Stück und sagte: „Nehmt dies und esst davon. Das ist mein Leib, der für euch hingegeben wird. Tut dies zum Zeichen meines Gedenkens." Jesus tat dasselbe mit dem Wein, nahm einen Becher, sprach ein Dankgebet und gab ihn dann den Jüngern. Während jeder von ihnen davon nippt, sagt Jesus zu ihnen: „Das ist mein Blut, das Blut der Verheißung. Es wird für viele Menschen vergossen, damit ihnen die Sünden vergeben werden".

Diese Szene beim letzten Abendmahl wurde zu einer Institution, die die Christen daran erinnert, dass die Feier des Essens und Trinkens von Jesu eigenem Fleisch und Blut eine Vorwegnahme des Festmahls ist, das sie genießen werden, sobald sie Zugang zum Reich Gottes erhalten.

Es war nach dem Abendessen, als eine mit Stöcken und Schwertern bewaffnete Menschenmenge auf der Suche nach Jesus auftauchte. Judas Iskariot führte sie an. Er begrüßte den Messias mit einem Kuss auf die Wange, und Jesus wurde sofort verhaftet und vor den Hohepriester Josef ben Kaiphas geführt. Die übrigen Jünger liefen davon - genau wie Jesus es vorausgesagt hatte - aus Angst vor dem, was geschehen würde.

Jesus wurde vom jüdischen Rat wegen Gotteslästerung zum Tode verurteilt. Die Hohepriester konnten es nicht ertragen, dass Jesus immer wieder sagte, er sei der Sohn Gottes. In diesem Moment begannen seine Qualen. Sie zogen Jesus nackt aus, bespuckten ihn und schlugen ihn. Danach wurde er zum römischen Präfekten von Judäa, Pontius Pilatus, gebracht, der die Anschuldigungen gegen Jesus für weitgehend unbegründet hielt. Doch der Pöbel war unnachgiebig und forderte die Verhängung des Todesurteils gegen ihn.

Es war nicht hilfreich, dass Jesus während des Verhörs meist schwieg. Wie beim Passahfest üblich, wurde normalerweise ein Gefangener als Geste des guten Willens begnadigt. Es handelte sich um einen Verbrecher - Barabbas, einen Mann, der mit den Rebellen, die während des Aufstands gegen die Römer einen Mord begangen hatten (Lk 23,19), im Gefängnis saß -, den Pilatus der

Menge vorstellte und sagte, er könne anstelle von Jesus zum Tode verurteilt werden. Obwohl es keine weiteren historischen Berichte über diesen Banditen (wie er von Johannes beschrieben wird) gibt, berichten alle vier Evangelien über den Prozess gegen Jesus. Die aufgewiegelte Menge war jedoch unnachgiebig und wählte stattdessen Jesus. Lukas berichtet, dass Jesus auch zu Herodes gebracht wurde, der ihn verhöhnte (Lk 23,5-16), aber in keinem der drei anderen Evangelien wird diese Begegnung erwähnt.

Pilatus gab den Forderungen der Menge nach, obwohl er deutlich machte, dass er nicht dafür verantwortlich gemacht werden wollte, einen seiner Meinung nach unschuldigen Mann in den Tod zu schicken. Nach dem Matthäus-Evangelium nahm Pilatus Wasser und wusch sich vor der Menge die Hände und beteuerte, er sei nicht schuldig, diesen Menschen getötet zu haben. Die Redewendung sich die Hände in Unschuld waschen wurde in der Folgezeit allgemein verwendet. Die Menschen benutzen sie immer dann, wenn sie sich in einem Interessenkonflikt von der Verantwortung freisprechen wollen.

Barabbas wurde also freigelassen, und die römischen Soldaten brachten Jesus weg, um ihn hinzurichten. Um ihn zu verspotten, legten sie ihm einen roten Umhang an, setzten ihm eine Dornenkrone auf den Kopf und ließen ihn einen Stock ergreifen, als wäre es ein Zepter. „Es lebe der König der Juden", skandierten sie. Das Leiden war unvorstellbar, doch das Schlimmste sollte noch kommen.

Die für Jesus gewählte Todesart ist einer der grausamsten und schmerzhaftesten Hinrichtungsarten, die ein Mensch erleiden kann: Er wurde an ein Kreuz genagelt. Außerdem musste Jesus sein eigenes Kreuz vom Palast des römischen Statthalters nach Golgatha tragen, das den Hebräern als Kalvarienberg bekannt war, dem Ort direkt vor den Mauern Jerusalems, an dem die Kreuzigungen zu jener Zeit durchgeführt wurden. Auf dem Weg dorthin stürzte Jesus einmal, zweimal, dreimal. Der einzige kleine Akt des Mitleids, den die Soldaten ihm gewährten, bestand darin, dass ein Mann namens Simon von Cyrene ihm auf einem Teil des Weges half, das Kreuz zu tragen.

Die Kreuzigung wurde von Persern, Römern, Karthagern und Seleukiden während des sechsten Jahrhunderts v. Chr. bis zum vierten Jahrhundert n. Chr., als sie im Römischen Reich abgeschafft wurde, regelmäßig durchgeführt. In der Neuzeit gab es nur einige vereinzelte Fälle von Kreuzigungen. So gab es Berichte über die Kreuzigung christlicher Mädchen während des Völkermords an den Armeniern, der 1915 von der osmanischen Regierung durchgeführt wurde.

Jesus wurde zusammen mit zwei Dieben gekreuzigt. Die römischen Soldaten befestigten ihn mit Nägeln an Händen und Füßen am Kreuz, und Pilatus befahl, ein Schild für ihn anfertigen zu lassen, auf dem stand: Jesus aus Nazareth, der König der Juden, und zwar in den vier Sprachen, die damals gesprochen wurden: Hebräisch, Aramäisch, Latein und Griechisch. Die heute gebräuchliche Inschrift ist die Abkürzung des Satzes in lateinischer Sprache, die mit INRI geschrieben wird.

Jesus hing praktisch den ganzen Tag in Todesangst am Kreuz. In einem Moment schrie er um Hilfe und flehte seinen Vater im Himmel an, ihn von seinem Leiden zu befreien. „Mein Gott, mein Gott, warum hast du mich verlassen?“, schrie er in seinem Schmerz. Unmittelbar nach diesem kläglichen Flehen hauchte Jesus seinen letzten Atemzug aus. Nach dem Johannesevangelium (19,31-37) warfen die Soldaten einen Speer nach ihm, der ein klaffendes Loch in einer Seite seines Brustkorbs hinterließ, um zu bestätigen, dass er tot war. Es war üblich, Menschen, die gekreuzigt werden sollten, die Beine zu brechen, um ihren Tod zu beschleunigen. Als die Soldaten sahen, dass Jesus bereits verstorben war, brachen sie ihm nicht die Beine. Dieses Detail würde eine Prophezeiung erfüllen, die besagt, dass „keines der Gebeine des Messias gebrochen werden wird und sie auf den blicken werden, den sie durchbohrt haben“ (Sacharja 12:10).

Der Speer, der gegen Jesus verwendet wurde, ist unter verschiedenen Namen bekannt, vor allem als Heilige Lanze, Speer des Longinus (angeblich der Name des römischen Soldaten, der den Speer geworfen hatte und später zum Christentum konvertiert sein soll), Heilige Lanze und Lanze des Schicksals. Es gibt drei verschiedene Reliquien des Speers, die heute noch existieren und alle behaupten, das Original zu sein. Die erste befindet sich unter der Kuppel des Petersdoms, die zweite in der Hofburg in Wien, Österreich, und eine dritte in Armenien. Der Vatikan erklärt, dass man glaubte, dass derjenige, der den Heiligen Speer besitzt und die Kräfte, denen er dient, versteht, das Schicksal der Welt zum Guten oder zum Bösen in seiner Hand hält. Die Heilige Lanze war und ist immer noch eine religiöse Reliquie, von der die meisten römisch-katholischen Gläubigen glauben, dass sie die Seite Christi getroffen hat. Es gibt jedoch keine Möglichkeit zu bestätigen, ob eine dieser Lanzen gegen Jesus eingesetzt wurde.[ix]

Die synoptischen Evangelien berichten von übernatürlichen Ereignissen, die sich genau zum Zeitpunkt des Todes Jesu ereigneten. Alle drei berichten, dass sich der Himmel für einige Stunden verfinsterte, obwohl es noch Tag war, und dass die Vorhänge des Tempels zerrissen wurden. Matthäus geht noch weiter und sagt, dass die Erde bebte und die umliegenden Felsen, in denen die Menschen begraben waren, aufrissen und dass viele in diesem Moment von den Toten auferstanden.

Moderne Geologen haben die Varven - jährliche Ablagerungsschichten in den Sedimenten - in der Region, in der Jesus gekreuzigt wurde, analysiert und bestätigt, dass es im ersten Jahrhundert irgendwo zwischen 26 und 36 n. Chr. tatsächlich ein Erdbeben gab. Was die Dunkelheit betrifft, die zum Zeitpunkt von Jesu Tod über die Erde hereinbrach, sind sich die Experten einig, dass es sich um einen Sandsturm gehandelt haben könnte.

Die einzigen Personen aus Jesu Umfeld, die zum Zeitpunkt seines Todes anwesend waren, waren die Frauen; die Männer waren alle weggelaufen. Seine Mutter Maria, Maria Magdalena und eine weitere Maria, die Mutter von Jakobus und Josef, sowie nach Matthäus eine vierte Frau wachten alle am Fuß des Kreuzes. Einmal mehr zeigt sich hier der würdige Platz, den Frauen in dieser Geschichte einnehmen - ein Platz der Ausdauer, des Glaubens und der Ehre.

Nachdem Pilatus den Befehl gegeben hatte, nahmen die Frauen den Leichnam Jesu entgegen, um ihn zu bestatten. Sie legten ihn in ein Grab und legten einen großen Stein davor.

Wiederauferstehung

Drei Tage waren vergangen, nachdem Jesus begraben worden war, und wieder einmal spielten die Frauen eine wichtige Rolle in dieser ergreifenden Geschichte. Sie hatten beschlossen, das Grab Jesu zu besuchen und sahen, dass der schwere Stein, der den Eingang versperrte, entfernt worden war. Der Leichnam Jesu war nirgends zu finden. Sie waren schockiert und fragten sich, was passiert sein könnte. Es ist wichtig zu wissen, dass dies Tage voller Emotionen und Spannungen für alle im Umfeld Jesu waren. Sie wurden verfolgt und bedrängt, und die Situation mit seinem Grab war, zumindest oberflächlich betrachtet, kein gutes Zeichen.

Doch dann erschien den Frauen ein Engel und sagte ihnen, dass Jesus Christus auferstanden sei. „Habt keine Angst! Ich weiß, dass ihr Jesus sucht, der gekreuzigt wurde. Er ist nicht hier. Er ist auferweckt worden“, sagte er (Mt 28,5-6). Die Evangelien beschreiben, wie sie zu den Jüngern zurückliefen, um ihnen mitzuteilen, dass sein Körper nicht mehr da war und was der Engel ihnen gesagt hatte.

In den Evangelien von Matthäus, Markus und Johannes wird berichtet, dass Jesus einige Male erschien, bevor er in den Himmel zurückkehrte. Zuerst machte er sich für Maria Magdalena sichtbar. Auch hier ist es bemerkenswert, dass er eine Frau auswählte, um die Nachricht von seiner Auferstehung direkt zu überbringen.

Danach erschien Jesus den Jüngern bei verschiedenen Gelegenheiten. Einer von ihnen, Thomas, war noch nicht anwesend, um Jesus zu sehen, und war ungläubig angesichts der Geschichte von seiner Auferstehung. „Ich weigere mich, das zu glauben, wenn ich nicht die Nägel in seinen Händen sehe, meine Finger in sie lege und meine Hand in seine Seite stecke“, sagte er laut dem Johannesevangelium. An einem anderen Tag erschien Jesus vor der ganzen Gruppe, obwohl sie hinter verschlossenen Türen saßen. Er ging auf Thomas zu und sagte zu ihm: „Leg deinen Finger hierher und schau auf meine Hände. Nimm deine Hand und lege sie in meine Seite. Hör auf zu zweifeln und glaube.“

Thomas fing an, an die Rückkehr Jesu ins Leben zu glauben, aber der Messias schimpfte ihn aus und sagte, sein Glaube sei „weil du mich gesehen hast. Selig sind die, die mich nicht gesehen haben, aber glauben“ (Johannes 20:27-29). Dies war eine wichtige Lektion, die Jesus seinen Jüngern erteilen wollte: wie wichtig es ist, über den physischen Beweis hinaus zu glauben. Er wollte diesen Grundgedanken unter allen Menschen verbreiten.

Dieser Austausch zwischen Jesus und Thomas ist zu einer besonders berühmten Passage des Neuen Testaments geworden, aus der die viel gebrauchten Redewendungen „Zweifelnder Thomas“ und „Sehen und glauben wie der heilige Thomas“ stammen.

Als Jesus seinen Jüngern zum dritten Mal erschien, führte er ein besonderes Gespräch mit ihnen und wies sie an, seine Lehren in der ganzen Welt zu verbreiten. „Wo immer ihr hingeht, macht alle Völker zu Jüngern: Tauft sie auf den Namen des Vaters und des Sohnes und des Heiligen Geistes. Lehrt sie, alles zu tun, was ich euch befohlen habe. Und vergesst nicht, dass ich immer bei euch bin bis zum Ende der Zeit“ (Mt 28,19-20). Dann ging er in den Himmel auf.

Die Vorstellung, dass Menschen von den Toten auferstehen, war in der jüdischen Kultur nicht neu. Der britische Historiker Peter Watson ist der Ansicht, dass die Idee der Auferstehung wahrscheinlich zum ersten Mal um das Jahr 160 v. Chr. in der Zeit des religiösen Märtyrertums auftauchte, und zwar genau als Reaktion darauf (wie konnte es möglich sein, dass Märtyrer für immer sterben würden?) Das erste Mal wird es im Buch Daniel erwähnt, und da es mit der zoroastrischen Vorstellung von Himmel und Erde übereinstimmt, die das jüdische Volk während seines Exils in Babylon übernommen hatte, behauptet Watson, dass mit der Auferstehung dasselbe geschehen sein könnte, was ebenfalls eine zoroastrische Vorstellung ist.

Zu seinen Lebzeiten war Jesus als Jesus von Galiläa oder Jesus von Nazareth bekannt, da es damals üblich war, Menschen nach ihrem Geburts- oder Wohnort zu identifizieren. Erst nach seinem Tod begann man, das Wort *Christus* zu verwenden. Dieses Wort leitet sich vom griechischen *Christos* ab, was so viel wie *Meschiach* oder *Messias* bedeutet, dem hebräischen Wort für „der Gesalbte“. Von da an wurde Christus zu einer Art Titel für Jesus, und es wurde auf unterschiedliche Weise verwendet. Der Apostel Paulus verwendete in seinen Briefen sowohl Jesus Christus als auch

Christus Jesus (Römer 1,1; 3,24), und er bezeichnete ihn auch einfach als Christus (Römer 5,6).

Eine Woche von äußerster Wichtigkeit

Der letzte großartige Einzug Jesu in Jerusalem, der Streit mit den Hohepriestern, das Letzte Abendmahl und die Gespräche mit seinen Jüngern sowie seine anschließende Folterung, sein Tod und seine Auferstehung werden im Christentum als Passionszeit bezeichnet. Die Ereignisse vor Ostern, dem Tag, an dem die Wiederauferstehung Jesu gefeiert wird, sind Teil des wichtigsten religiösen Festes der Christen: Die Karwoche.

Sieben Tage lang, die je nach Jahr immer zwischen März und April liegen, gedenken die Christen all dessen, was in dieser schicksalhaften Zeit geschehen ist. Jeder Tag hat einen Namen, und es wird eine Reihe von Ereignissen von größter Bedeutung durchgeführt.

Der erste Tag der Karwoche, der Palmsonntag, ist ein Festtag. Je nach Region halten einige christliche Konfessionen besondere Rituale für den Karmontag und den Kardienstag sowie für den so genannten krummen oder schiefen Mittwoch bereit, an dem Judas den Priestern Jesus ausliefern wollte. Die orthodoxen Kirchen feiern diese Tage mehr als die Katholiken. Am Gründonnerstag oder heiligen Donnerstag, dem Tag des letzten Abendmahls Jesu mit seinen Jüngern, halten einige Christen den Brauch ein, die sieben Tempel oder sieben Kirchen in ihrer Umgebung zu besuchen. Der Karfreitag - der Tag, an dem Jesus verurteilt wurde, sein Kreuz tragen musste und starb - ist ein Tag der Trauer, an dem die Menschen normalerweise strenge Buße, Fasten und Reue üben. Am Karsamstag, auch Osternacht genannt, ruhen die Menschen, trauern nicht und freuen sich nicht.

Erst am Ostersonntag feiern die Christen wieder, und es ist für sie vielleicht der freudigste Tag des Jahres. Jesus ist an diesem Tag wieder zum Leben erwacht, was natürlich ein Grund zum Feiern ist. Es gibt eine ganze Reihe von Veranstaltungen und Traditionen - einige religiöser, andere eher weltlicher Art -, die an diesem Tag des Jahres stattfinden. Die Menschen gehen in fröhlicher Runde zur Messe. Der sagenumwobene Osterhase legt Eier in die Gärten der Kinder - ursprünglich waren es echte, heute sind sie aus Schokolade

-, die sich dann auf eine lustige Eiersuche begeben.

Aber warum ein Hase? Was hat das mit dem Christentum zu tun? Auch hier finden wir Elemente heidnischer Bräuche, die in christliche Feste integriert wurden. Etwa zur gleichen Zeit wie Pessach und Ostern huldigten viele vorchristliche angelsächsische Gemeinschaften der Göttin Eastre, die für den Frühling und die Fruchtbarkeit stand. Ihr Symbol war - Sie haben es erraten - ein Kaninchen. Dieses sehr fruchtbare Tier vermehrt sich vor allem in dieser Jahreszeit. Sie verkörpern neues Leben, ein Konzept, das sehr gut mit der Bedeutung der Karwoche übereinstimmt. Viele Sprachen angelsächsischen Ursprungs haben den Namen der Göttin Eastre übernommen, um die Karwoche zu bezeichnen - Easter im Englischen und Ostern im Deutschen, zum Beispiel. Andere Wissenschaftler haben auch herausgefunden, dass Maria in vielen mittelalterlichen Schriften und Gemälden mit Kaninchen in Verbindung gebracht wurde, was wahrscheinlich auf den griechischen Glauben zurückzuführen ist, dass diese Tiere sich fortpflanzen können, obwohl sie noch jungfräulich sind.

Die Feierlichkeiten der Karwoche haben sich im Laufe der Jahrhunderte verändert. Viele Bräuche zu diesem besonderen Anlass sind gekommen und gegangen. Ursprünglich wurden nur Karfreitag und Karsamstag gefeiert. Im vierten Jahrhundert wurde der Begriff Karwoche geprägt, und es wurden weitere Tage in den Kalender der heiligen Feste aufgenommen, wobei der Ostersonntag als freudiges Ereignis am Ende der Woche gefeiert wurde.

Kapitel 3 - Die frühe Kirche

Das meiste, was wir über die Empfängnis, die Geburt, die frühe Kindheit, das Leben als Erwachsener, das Martyrium, den Tod und schließlich die Auferstehung Jesu wissen, stammt aus den vier Evangelien, dem Hauptteil des Neuen Testaments, die von Lukas, Markus, Matthäus und Johannes geschrieben wurden, die auch als die vier Evangelisten bekannt waren. Das Wort Evangelium leitet sich von dem lateinischen Wort *evangelium* ab, das „gute Nachricht" bedeutet.

Abgesehen von den Prophezeiungen, die in der jüdischen Tradition überliefert sind, beschlossen diese Evangelisten, ihre eigenen Berichte über sein Leben, seinen Tod und seine Bedeutung für die Menschheit im Allgemeinen zu schreiben. Jeder tat dies auf seine eigene Weise, beginnend etwa vierzig Jahre nach dem Tod Jesu Christi und bis etwa zum Jahre 100 n. Chr.

Markus war mit Sicherheit der erste Evangelist, der über das Leben Jesu schrieb. Die meisten Gelehrten sind sich einig, dass er in Kyrene, dem heutigen Libyen, geboren wurde. Es gibt keine Informationen über das Datum seiner Geburt, obwohl sein Tod auf das Jahr 68 n. Chr. zurückgeführt werden kann. Nachdem er sein Evangelium um das Jahr 65 n. Chr. geschrieben hatte, lebte er in Ägypten, wo er die Kirche von Alexandria gründete und heute als Begründer des Christentums in Afrika geehrt wird. Seine Bedeutung ist so groß, dass die koptisch-orthodoxe und die katholische Kirche sowie die griechisch-orthodoxe Kirche von

Alexandria alle behaupten, direkt von der ursprünglichen Gemeinde abzustammen, die Markus im ersten Jahrhundert n. Chr. gegründet hat. Wie die meisten ursprünglichen Förderer des christlichen Glaubens starb auch er den Märtyrertod, von Pferden durch die Straßen von Alexandria geschleift.

Die meisten Gelehrten behaupten, dass Lukas ein griechischer Arzt und der einzige Nichtjude unter den Evangelisten war. Andere sind jedoch der Meinung, dass er auch ein hellenischer Jude aus Antiochia gewesen sein könnte, wo es eine blühende Gemeinschaft von Menschen gab, die jüdische religiöse Traditionen mit Elementen der griechischen Kultur verbanden. Es besteht ein starker Konsens darüber, dass der Bericht des Lukas das zweite Evangelium ist, das um 85 n. Chr. geschrieben wurde. Es ist auch das längste.

Sowohl Matthäus als auch Johannes kannten Jesus persönlich, da sie zwei der zwölf ursprünglichen Jünger waren, die ihn in der letzten Phase seines Lebens begleiteten. Das Matthäusevangelium wurde wahrscheinlich zwischen 85 und 90 n. Chr. verfasst. Auch er erlitt das Martyrium und starb in Äthiopien an einer Schwertwunde.

Johannes war der jüngste der Jünger, und sein Evangelium wurde als letztes geschrieben, wahrscheinlich um 95-100 n. Chr. Er ist der einzige der Evangelisten, der an Altersschwäche starb, allerdings nicht, bevor er ebenfalls unter Verfolgung zu leiden hatte. Während seiner Verfolgung in Rom entkam er auf wundersame Weise dem Sieden in Öl. Danach verbrachte er einige Zeit auf der Gefängnisinsel Patmos, wo er das Buch der Offenbarung schrieb. Nachdem er freigelassen worden war, wurde Johannes Bischof von Edessa und starb im Alter von etwa hundert Jahren.

Alle Evangelien wurden wahrscheinlich ursprünglich auf Griechisch geschrieben; zumindest sind die ältesten uns bekannten Handschriften in dieser Sprache verfasst. Einige Gelehrte sind jedoch der Meinung, dass sie in Aramäisch, der damals in Israel gesprochenen Sprache, verfasst worden sein könnten. Es gibt keine eindeutigen Beweise, die dieses Argument bestätigen oder widerlegen. Sehr frühe Übersetzungen in lateinischer, syrischer und ägyptischer Sprache - einige bereits um das Jahr 200 n. Chr. - sind bis heute erhalten geblieben. Der berühmte Archäologe und Neutestamentler Carsten Peter Thiede hat behauptet, dass das

Matthäusevangelium bereits 66 n. Chr. in Ägypten verbreitet wurde, so dass es logisch ist anzunehmen, dass zumindest dieses Evangelium zu diesem Zeitpunkt bereits auf Griechisch vorlag, der vorherrschenden Sprache, die zu dieser Zeit von fast allen verstanden wurde.

Neben den vier Evangelien besteht das Neue Testament noch aus weiteren Texten: Die Apostelgeschichte, die Episteln (bei denen es sich im Grunde um Briefe handelt) und das Buch der Offenbarung. Als die christliche Kirche unter den verschiedenen Spaltungen zwischen Ost und West zu leiden begann, änderte sich der Inhalt des Neuen Testaments ebenso wie einige andere Lehrgrundsätze leicht.

Das Christentum als neue Religion begann sich kurz nach dem Tod Jesu im Nahen Osten zu entwickeln, anfangs hauptsächlich in der römischen Provinz Judäa. Diese frühen Anhänger der Lehren Jesu, die nach etwa 33 n. Chr. aufkamen, waren Juden, angeführt von den Jüngern, die nun als Apostel betrachtet wurden.

Zu welchem Zeitpunkt wurden sie von Jüngern zu Aposteln? Jesus hatte viele Jünger, oder Schüler, nicht nur die zwölf, die ihm am nächsten standen. Zu Beginn seines Wirkens, als er in ganz Galiläa und der übrigen Provinz Judäa zu predigen begann, war jeder ein Jünger, denn alle waren Lernende. Aber gegen Ende seines Lebens auf der Erde musste Jesus diejenigen besonders unterweisen, die er als die Weisesten auswählte, die am besten geeignet waren, die Fackel seines Wissens weiterzutragen.

Diese auserwählten Jünger waren nicht länger Schüler, sondern Träger einer neuen Botschaft. In diesem Moment ändert Jesus ihren Status. Er rief alle seine Jünger zusammen und wählte zwölf von ihnen als Apostel aus. Hier sind ihre Namen: Simon (den er Petrus nannte), Andreas (der Bruder des Petrus), Jakobus, Johannes, Philippus, Bartholomäus, Matthäus, Thomas, Jakobus (der Sohn des Alphäus), Simon (den man den Eiferer nannte), Judas (der Sohn des Jakobus), Judas Ischariot (der ihn später verriet) (Lukas 6,13-16).

Nachdem Judas Iskariot Jesus verraten hatte, war er so von Schuldgefühlen geplagt, dass er bald nach Jesu Tod Selbstmord beging. Nachdem Judas Iskariot also aus dem Weg geräumt war, wurde Matthias in diese neu gewählte Gruppe von Trägern der neuen Wahrheit aufgenommen.

Das Wort Apostel kommt von dem griechischen Wort apóstolos, was so viel bedeutet wie einer, der ausgesandt wird oder aussenden. Diese Apostel sollten die Botschaft Christi an die Menschen weitergeben. Am Anfang stand die Idee, Jesus als den Messias zu präsentieren, auf den das jüdische Volk so lange gewartet hatte, doch dies sollte sich in der Bevölkerung nicht durchsetzen.

Dieser Teil des ersten Jahrhunderts, irgendwo zwischen 33 und 100 n. Chr., ist als das apostolische Zeitalter bekannt, vor allem wegen der Arbeit und der Bedeutung, die die Apostel bei der Etablierung des christlichen Glaubens hatten, sowie wegen der Errichtung einiger der ersten kirchlichen Regierungsinstitutionen. Das Ende dieser Ära kam mit dem Tod des letzten Apostels, Johannes, um das Jahr 96 n. Chr. herum. Diese Zeit war für die Christen von besonderer Bedeutung, da die Menschen, die persönlichen Kontakt mit Jesus hatten, noch lebten.

Dieses apostolische Zeitalter zeichnete sich durch eine intensive Missionstätigkeit der ersten Apostel und vieler anderer aus, die sich schon früh an die Lehren Christi hielten, auch wenn sie Jesus nie persönlich kennengelernt hatten. Dies war der Fall bei Paulus, Kornelius, der sich als erster Heide christlich taufen ließ (die ersten Christen waren alle Juden), und dem heiligen Matthias, um nur einige zu nennen. Diese missionarischen Bemühungen während des apostolischen Zeitalters erstreckten sich über Kleinasien, Griechenland, Mazedonien, Persien, Rom und sogar Spanien.

Es gibt einen besonders wichtigen Tag, der während des apostolischen Zeitalters einen Aufschwung erlebte: Pfingsten. Dieser traditionelle Feiertag wird fünfzig Tage nach dem Ostersonntag begangen und markiert den Tag, an dem der Heilige Geist auf die Apostel und etwa hundert andere frühe Anhänger Jesu Christi herabkam. Diese Männer waren angeblich alle in einem Raum im Obergeschoss versammelt, der Zönakel genannt wurde, in einem Gebäude, das der Überlieferung nach noch heute existiert. Man nimmt an, dass es sich im Davidsgrab in Jerusalem befindet. Es gibt jedoch keine schlüssigen Beweise dafür, dass dieser Ort das eigentliche Zönakel war, das während des ersten Pfingstfestes benutzt wurde.

Das Zönakel gilt als die erste christliche Kirche. Die Apostel und andere frühe Anhänger des christlichen Glaubens nutzten diesen Ort offenbar, um sich zu versammeln und über ihre neu gefundenen Ideale zu sprechen. Manche glauben sogar, dass es derselbe Raum war, in dem das letzte Abendmahl stattfand, weshalb der Raum auch als Abendmahlssaal bekannt ist.

Pfingsten wird von allen Zweigen des Christentums gefeiert, allerdings auf unterschiedliche Art und Weise. So ist es für die Katholiken ein feierlicher Akt, während Pfingsten in der orthodoxen Ostkirche als eines der großen Feste gilt. Die Anglikaner ihrerseits nennen diesen Tag Weißen Sonntag, Pfingstsonntag oder einfach Pfingsten.

Obwohl das Christentum im östlichen Teil des Römischen Reiches entstand und wuchs, schlug es bald darauf auch in den westlichen Gebieten starke Wurzeln. In der Mittelmeerstadt Antiochia in der heutigen Südosttürkei wurde diese Gruppierung zum ersten Mal als Christen bezeichnet, was auf Griechisch Anhänger Christi bedeutet. Einer der Apostel, Paulus, richtete dort zwischen 47 und 55 n. Chr. sein Hauptquartier ein. Dieser Mann, der früher Saulus von Tarsus hieß, dem jüdischen Glauben anhing und römischer Staatsbürger war, gehörte nicht zu dem ursprünglichen Kreis, der Jesus zu seinen Lebzeiten folgte. Im Gegenteil, er verfolgte die Rebellen in der Gegend von Jerusalem, von denen er glaubte, dass sie die bestehende Ordnung in der Gesellschaft stürzen wollten. Das heißt, bis ihm Jesus erschien.

Die Apostelgeschichte berichtet, dass Saulus, während er Ausschau hielt, um jeden Mann oder jede Frau, die dem Weg Christi folgten, zu verhaften und in Jerusalem einzusperren, plötzlich einen hellen Lichtstrahl vom Himmel kommen sah und eine Stimme hörte, die fragte: „Warum verfolgst du mich?“ Er fragte, wer diese Stimme sei, und die Antwort war „Jesus“. Nach dieser Episode war Saulus drei Tage lang geblendet, bis ein Mann namens Ananias zu seiner Rettung kam.

Ananias hatte von Jesus den Auftrag erhalten, den geblendeten Saulus zu treffen und ihm die Hände aufs Gesicht zu legen. Er war verwirrt, da er wusste, auf welch schreckliche Weise dieser Mann die Christen verfolgte. Aber Jesus beharrte darauf. „Geh! Ich habe diesen Mann auserwählt, um meinen Namen zu den Völkern, zu den Königen und zum Volk Israel zu bringen. Ich werde ihm zeigen, wie viel er um meines Namens willen leiden muss" (Apostelgeschichte 9,1-22).

Sobald Ananias tat, was ihm gesagt wurde, erlangte Saulus sein Augenlicht wieder. Von da an wurde Saulus ein eifriger Nachfolger Christi und sollte später eine der wichtigsten Positionen der Kirche in diesem für die Christen turbulenten ersten Jahrhundert einnehmen. Seine Bekehrung erfolgte sehr früh nach Jesu Tod, schätzungsweise zwischen 31 und 36 n. Chr.

Es war üblich, dass jüdische Menschen, die auch die römische Staatsbürgerschaft besaßen, wie die Familie des Saulus, zwei Namen trugen - einen hebräischen und einen römischen. Das war auch bei Saulus der Fall, dessen anderer Name Paulus war. Nach seiner Bekehrung war Saulus entschlossen, den Heiden das Evangelium zu bringen, also legte er seinen römischen Namen ab und wurde als Paulus bekannt, ein Name, an den die Heiden gewöhnt waren... Die Annahme seines römischen Namens war typisch für den Missionsstil des Paulus. Seine Methode war es, die Menschen zu beruhigen und ihnen seine Botschaft in einer Sprache und einem Stil zu vermitteln, mit dem sie sich identifizieren konnten.[x]

Paulus war maßgeblich an der Entscheidung beteiligt, dass das Evangelium Christi nicht nur dem jüdischen Volk vorbehalten sein sollte, sondern auch unter den Nichtjuden, den Heiden, gelehrt werden konnte. Die hellenische Welt, in der sich die Lehren Jesu Christi immer weiter ausbreiteten, wurde für Paulus zu einem wichtigen Instrument, um das Christentum zu einer Institution zu machen. Sowohl die griechische Kultur als auch die Elemente des römischen Rechts - die klassischen Weltanschauungen, die die westliche Welt mitprägten - wurden schließlich mit der neuen christlichen Wahrheit, die erzählt wurde, verschmolzen. Viele Juden folgten diesem neuen Weg, aber auch Menschen mit unterschiedlichem Hintergrund aus dem ganzen Reich kamen zusammen, fasziniert von Jesus Christus und seinen Lehren.

So verbreitete sich das Christentum wie ein Lauffeuer über die verschiedenen Gemeinschaften hinweg. Dies könnte als der Funke angesehen werden, der das Christentum in Form und Struktur vom Judentum trennte.

Paulus liefert auch wichtige Informationen über das Wirken Jesu, hauptsächlich durch seine Briefe, die so genannten Episteln. Die meisten der im Neuen Testament enthaltenen Briefe stammen von ihm. Diejenigen, die Paulus zugeschrieben werden, sind Römer, Korinther I und II, Galater, Epheser, Philipper, Kolosser, Thessalonicher I und II, Timotheus I und II, Titus und Philemon. Es ist jedoch umstritten, ob Paulus tatsächlich alle diese Briefe geschrieben hat. Einige Gelehrte glauben, dass einige von seinen Schülern geschrieben wurden, vor allem die letzten Briefe. Auf jeden Fall wurden sie vor den Evangelien verfasst.

Die Apostel fuhren fort, die Botschaften Jesu auf Missionsreisen in der damals bekannten Welt zu verbreiten, und man kann mit Fug und Recht behaupten, dass sie ihre Mission sehr ernst nahmen und eine Leidenschaft entwickelten, die Früchte trug. Sie reisten unter anderem nach Syrien, Nordafrika, Ägypten, in die heutige Türkei, nach Kleinasien, Griechenland, Persien, Äthiopien, auf die Iberische Halbinsel und nach Indien - und natürlich nach Rom, dem Zentrum des Römischen Reiches.

Das große Kommunikationsnetz innerhalb des Römischen Reiches war ein hervorragendes Instrument, das zur Verbreitung dieser neuen Religion in allen seinen Bereichen beitrug. Diese ersten Christen wurden anfangs nur sporadisch verfolgt. Die meisten Apostel erlitten einen grausamen Tod, der auf ihren neu gewonnenen Glauben an Jesus zurückzuführen war. Petrus wurde in Rom kopfüber gekreuzigt, weil er sagte, er sei es nicht wert, auf die gleiche Weise wie Jesus zu sterben. Paulus wurde geköpft, ebenfalls in der Hauptstadt des Römischen Reiches. Andere wurden verbrannt, erschlagen, gesteinigt oder erstochen. Doch die treuen Anhänger des Christentums hielten schließlich durch, und nach dem vierten Jahrhundert wurde das Christentum schließlich als einzige Religion des Römischen Reiches anerkannt.

Die Unterdrückung der Christen im Römischen Reich ist nicht so umfangreich und grausam, wie sie manchmal dargestellt wird. Kaiser Nero machte sie für den Großen Brand von Rom im Jahr 64 n. Chr. verantwortlich, der die Hauptstadt fast vollständig zerstörte, und in dieser Zeit kamen Paulus und Petrus sowie viele andere Märtyrer auf grausame Weise ums Leben. Aber nach 250 n. Chr. wurden die Christen am stärksten unterdrückt, als Kaiser wie

Decius und Diokletian eine Reihe von Verfolgungen ausübten. Unter ihrer Herrschaft wurden viele Christen grausam drangsaliert und getötet.

Doch abgesehen von diesen spezifischen Perioden wurden die Christen in den ersten drei Jahrhunderten n. Chr. weitgehend geduldet und lebten meist in kleinen und etwas abgeschotteten Gesellschaften in Frieden.

Die weströmischen und balkanischen Kaiser, Konstantin I. bzw. Licinius, stimmten im Jahr 313 im Rahmen des berühmten Edikts von Mailand zu, dem Christentum einen rechtlichen Status zu verleihen.

Konstantin ging dann über die einfache Toleranz gegenüber den Christen hinaus. Er machte sich mit den Grundsätzen des Christentums vertraut und wurde zum Katechumenen - einer Person, die sich den christlichen Ansichten anschloss, ohne formell dazu zu gehören.

Zu dieser Zeit gab es einen ideologischen Kampf zwischen zwei gegensätzlichen Ansichten über die Religion Jesu: Arianismus und nizänisches Christentum. Der Arianismus vertrat die Auffassung, dass Jesus der Sohn Gottes und damit eine eigenständige Persönlichkeit war. Die nizänischen Christen hingegen glaubten, dass Jesus und Gott zusammen mit dem Heiligen Geist eins und ununterscheidbar seien - die Dreifaltigkeitslehre also. Auch innerhalb des Römischen Reiches gab es noch viele, die ihre heidnischen Götter und vorchristlichen Überzeugungen nicht aufgeben wollten. Alles in allem herrschte große Verwirrung darüber, welche Vorschriften befolgt und als heilig respektiert werden sollten.

Es war Konstantin der Große - wie er später genannt wurde -, der die erste ökumenische Versammlung der christlichen Kirche leitete, um viele dieser Konflikte zu diskutieren. Die Gesamtheit der religiösen Führer kam im Jahr 325 auf dem Konzil von Nicäa, einer Region in der heutigen Türkei, zusammen und legte nach ausführlichen Beratungen bestimmte Grundsätze für die Rechtgläubigkeit innerhalb der Religion fest. Bei diesem Treffen wurde die arianische Theologie für häretisch erklärt. Das nizänische Dogma und sein Trinitätsprinzip wurden daraufhin zum offiziellen Glaubenssatz der christlichen Religion.

Konstantin ließ sich auf dem Sterbebett offiziell auf den christlichen Glauben taufen und wurde damit zum ersten römischen Kaiser, der dies tat. Konstantins Erben, seine Söhne Constantius II. und Contans, hatten unterschiedliche Ansichten über das Christentum, insbesondere über die Frage nach der Natur Jesu.

Irgendwann wurde Konstantins Neffe Julius zum Kaiser ernannt, und er versuchte, die Freiheit der Religionen und Kulturen zu fördern, jedoch ohne Erfolg. Das Christentum hatte sich in zu vielen Römern festgesetzt.

Es war Theodosius I., auch Theodosius der Große genannt, der 380 mit dem Edikt von Thessaloniki das nizänische Christentum als offizielle Staatsreligion des Römischen Reiches einführen sollte. Die Römer wurden bereits von barbarischen Stämmen aus dem Norden und Nordosten Europas angegriffen - unter anderem von Vandalen, Ostgoten, Westgoten, Hunnen und Taifalen. Nach seinem Tod wurde das Römische Reich endgültig in zwei Teile zerbrochen (auch in den vorangegangenen Jahrhunderten war es bereits geteilt worden). Das östliche Reich ging an den ältesten Sohn des Theodosius, Arcadius, der von Konstantinopel aus regierte, und das westliche Reich an seinen jüngsten Sohn Honorius, der von Rom und später von Ravenna aus regierte.

Das Christentum setzt seine Maßstäbe

Die Anfänge des Christentums ließen alle möglichen Denkschulen und unterschiedliche Tendenzen innerhalb der Lehren Jesu Christi zu, wie wir im Fall des Arianismus und der nizänischen Theologie gesehen haben. Neben den Evangelien von Lukas, Matthäus, Markus und Johannes zirkulierten viele andere Texte unter den verschiedenen christlichen Gemeinschaften, die im Nahen Osten, im Fernen Osten, in Rom selbst und in Nordafrika wuchsen.

Erst dreihundert Jahre nach der Niederschrift der Evangelien wurde das, was wir als Neues Testament kennen, endgültig zusammengestellt und als kanonisch festgelegt, das heißt, diese heiligen Bücher wurden offiziell als echt anerkannt. Dies ist ein sehr wichtiger Wendepunkt in der Entstehung der christlichen Institution. Der Kanon des Neuen Testaments wurde erstmals vom heiligen Athanasius von Alexandria in einem Brief aus dem Jahr

367 an die Kirchen, denen er in Ägypten vorstand, vorgelegt und schließlich auf dem dritten und vierten Konzil von Karthago, die 397 bzw. 419 stattfanden, angenommen. Den Vorsitz auf diesen Konzilen hatte kein Geringerer als der heilige Augustinus selbst, einer der bedeutendsten und einflussreichsten christlichen Denker aller Zeiten.

Im Laufe der Jahrhunderte wurden mehrere Riten zu Sakramenten, und die Christen betrachten sie als wichtige religiöse Zeremonien, die den daran Teilnehmenden göttliche Gnade vermitteln. Insgesamt gibt es sieben:

- Die *Taufe* wird in den meisten Fällen an Säuglingen oder Kleinkindern vollzogen, obwohl Menschen jeden Alters, die bereit sind, sich zu bekehren, diesen Ritus durchlaufen müssen, um formell Christ zu werden. Dieses Sakrament war das erste, das seit den Anfängen des christlichen Glaubens praktiziert wurde.
- Die *Eucharistie* oder die *Heilige Kommunion* ist die Zeremonie zur Feier des letzten Abendmahls, bei der Brot und Wein konsekriert und dann gegessen werden. In einigen christlichen Konfessionen gehen Kinder zwischen sieben und dreizehn Jahren zur Erstkommunion, bei der sie zum ersten Mal das symbolische Brot (heute wird eine Oblate verwendet) und den Wein (der nur noch zu bestimmten Anlässen gereicht wird) erhalten. Es handelt sich um einen ganz besonderen Ritus, den die jungen Christen jedes Jahr vollziehen und der ihren Eintritt in die Religion auf eine umfassendere Weise markiert.
- Wenn ein Christ volljährig wird, wird sein oder ihr Glaube durch einen Prozess bestätigt, der Konfirmation genannt wird. Heutzutage geschieht dies im Alter zwischen sechzehn und achtzehn Jahren, obwohl die Konfessionen das Alter unterschiedlich festlegen und nicht alle dieses Sakrament praktizieren.
- Durch das Sakrament der *Versöhnung*, der *Buße* oder der *Beichte* werden die Sünden eines Menschen vergeben, nachdem er sie einem Priester offenbart hat. Die Katholiken sind diejenigen, die diesen Ritus in der

heutigen Zeit am häufigsten praktizieren. Protestanten lehnen die Absolution von Sünden, indem sie sie einer anderen Person erzählen, ab.

- Auch der Akt der *Eheschließung* ist für Christen ein heiliges Sakrament. Katholiken dürfen nur einmal heiraten, aber andere Kirchen sind flexibler, wie z. B. die orthodoxen Kirchen des Ostens, wo einige eine Scheidung und eine zweite Ehe zulassen. Viele protestantische Konfessionen lassen Scheidungen zu, vor allem bei Ehebruch oder wenn ein Partner verlassen wird.
- Die *Krankensalbung* wird bei kranken oder sterbenden Menschen, insbesondere bei älteren Menschen, durchgeführt. Normalerweise liest ein Priester aus der Heiligen Schrift vor, legt die Hände auf und segnet die Person, indem er ihr Öl auf die Stirn und die Hände streicht, das Vaterunser spricht und, wenn möglich, das Heilige Abendmahl spendet. Dies wird auch heute noch von vielen christlichen Konfessionen praktiziert.
- Männer, die in das Priesteramt eintreten, erhalten Zugang zu einem Sakrament, das nur ihnen vorbehalten ist: die *heilige Weihe*. Dieses Sakrament wird je nach Kirche aus unterschiedlichen Perspektiven verstanden.

Ost und West driften auseinander

Nachdem der riesige Landstrich, der das Römische Reich umfasste, im vierten Jahrhundert auseinanderzufallen begann, gelang es beiden, starke Gruppen von Christen zu behalten. Es war jedoch unvermeidlich, dass die Sektionen begannen, ihre Unterschiede zu zeigen.

In den Anfängen waren die Christen nicht in einer einzigen Struktur organisiert, sondern verstreut in mehreren Gesellschaften, die je nach Region von verschiedenen Patriarchen und Bischöfen geleitet wurden.

Erst nach der Teilung des Römischen Reiches entwickelten sich zwei deutlich voneinander getrennte Kirchen mit unterschiedlichen Führern, kirchlichen Grundsätzen und Traditionen, vor allem in den Regionen außerhalb der Reichweite Roms. Diese Stadt hatte sich zum Ziel gesetzt, eine führende Stellung innerhalb des Christentums einzunehmen. Ihr Bischof - später Papst genannt - sollte mehr Macht in Verwaltungsangelegenheiten erhalten, sogar mehr als sein Pendant in Konstantinopel und anderen Städten des Römischen Reiches, oder zumindest dem, was davon übrig war.

Während im dritten und vierten Jahrhundert verschiedene Konzile all diese Führer zusammengebracht hatten, lösten sie zu diesem Zeitpunkt einen theologischen Streit nach dem anderen aus. Konstantinopel rief seinen eigenen Papst aus. Die syrischen Christen begannen im fünften Jahrhundert, eine eigene Kirche zu gründen, aus der später das syrisch-orthodoxe Patriarchat von Antiochien hervorging. Auch die Christen in Armenien und Ägypten entwickelten ihre eigenen Institutionen und gründeten die armenisch-apostolische bzw. die koptisch-orthodoxe Kirche. Viele weitere ähnliche Beispiele gab es in den ostasiatischen und afrikanischen Regionen, in denen das Christentum Wurzeln geschlagen hatte.

Ein weiteres Merkmal, das einen kulturellen Unterschied zwischen den beiden Zentren - Rom auf der einen und Konstantinopel auf der anderen Seite - begründete, war die Tatsache, dass der Westen die lateinische Sprache für seine Bibel und die Auslegung der Lehren übernahm, während der Osten an seiner Tradition festhielt, alle religiösen Schriften auf Griechisch zu verfassen. Die lateinische Sprache gewann schließlich die Oberhand, vor allem weil die Schriftsteller, die diese Sprache zur Verbreitung und Auslegung der christlichen Lehren benutzten, mehr Prestige gewannen als viele ihrer griechisch-sprachigen Kollegen.

Die meisten europäischen Sprachen, insbesondere die so genannten romanischen Sprachen (u. a. Spanisch, Portugiesisch, Italienisch und Französisch), sind eine Weiterentwicklung der ursprünglichen Dialekte aus verschiedenen Regionen, die sich mit lateinischen Wörtern und Grammatik vermischt haben. Auch das römische Alphabet, das wir heute verwenden, hat einen lateinischen Ursprung. All dies wirkte sich schließlich darauf aus, dass Latein und daraus abgeleitete Kommunikationsmittel im Westen das wichtigste System zur Verbreitung christlicher Ideen darstellten, viel mehr als das östlich orientierte Griechisch.

Auch die politischen Umstände trugen zu dieser zunehmenden Ost-West-Spaltung bei. Solange das Oströmische Reich bestand, war das Christentum in allen seinen Provinzen, von den westlichen Mittelmeergebieten über das Partherreich (den heutigen Iran) bis hin nach Indien, die wichtigste Religion.

Diese Situation der Dominanz der Christen im Osten sollte sich nach einigen Jahrhunderten ändern. Mehrere christliche Gemeinschaften blieben in verschiedenen Teilen des zersplitterten Reiches verwurzelt, in ganz Persien, Zentralasien, Nordafrika und darüber hinaus, aber sie teilten sich diesen riesigen Landstrich nun mit zahlreichen anderen Glaubensrichtungen, darunter natürlich das Judentum, die neue muslimische Religion nach dem siebten Jahrhundert, die Christus als einen ihrer anerkannten Propheten ansah, auch wenn er nicht als Sohn Gottes betrachtet wurde, sowie den Hinduismus, den Buddhismus und den Taoismus, neben anderen traditionellen Religionen in verschiedenen Teilen Asiens.

Die Überreste des Römischen Reiches in Europa stärkten auch den christlichen Glauben auf dem gesamten europäischen Kontinent, allerdings auf eine absolutere Weise als im Osten. Er wurde schließlich für die nächsten tausend Jahre zur vorherrschenden Religion, und diese Stellung hat er bis heute inne.

Einige Jahrhunderte später, mit dem Schisma von 1054, das auch als Großes Schisma bezeichnet wird, beschlossen die östliche und die westliche Kirche formell, sich zu trennen, wobei der römische Papst und der byzantinische Patriarch einander gegenseitig exkommunizierten. Diese tiefe Entfremdung zwischen den beiden christlichen Gruppen sollte bis ins zwanzigste Jahrhundert andauern, als sich die Spannungen nach dem Zweiten Vatikanischen Konzil, das zwischen 1962 und 1965 stattfand, und einer Reihe von Dialogen zwischen beiden Gruppen schließlich abschwächten.

Kapitel 4 - Das Christentum verbreitet sich in der ganzen Welt

Das Weströmische Reich brach im Jahr 476 zusammen, als der germanische König Odoaker den Kaiser Romulus Augustulus absetzte. Manche betrachten dieses Datum als den Beginn des Mittelalters in Europa.

Rom war zwar gefallen, das Christentum jedoch nicht. Im Gegenteil, es war nur eine Frage der Zeit, bis es sich langsam, aber sicher in allen Regionen Europas bis hin zu den westlichen und nördlichsten Gebieten ausbreiten würde.

Was man damals als Römisches Reich bezeichnete, war in Wirklichkeit das Oströmische Reich, das schließlich zum Byzantinischen Reich wurde, mit Konstantinopel (ursprünglich Byzanz, heute Istanbul) als Hauptstadt. Es hatte zweifellos nicht annähernd die Ausmaße, die es vor dem Zerfall des Reiches hatte, aber es behielt viel von seiner Pracht und kulturellen Bedeutung - auf jeden Fall mehr als sein westliches Gegenstück, das zu dieser Zeit ständig von allen möglichen Stämmen überfallen wurde.

Einige Gelehrte, wie der Historiker Edward Gibbon, machen das Aufkommen des Christentums für den Untergang des Römischen Reiches verantwortlich, andere verweisen auf die ständigen barbarischen Einfälle von den westlichen und nördlichen Grenzen her und auch auf die interne Korruption, die sich in den Institutionen des Weströmischen Reiches festgesetzt hatte.

Konstantinopel

Das Oströmische Reich wurde zu einer Bastion für die Bewahrung der römischen Kultur, und es behielt auch eine tiefe religiöse Einstellung zum Christentum bei, die bis zum fünfzehnten Jahrhundert anhielt, als Konstantinopel an die Türken fiel.

Der Kampf des Oströmischen Reiches, das im sechsten Jahrhundert von Kaiser Justinian regiert wurde, um seinen früheren römischen Glanz wiederzuerlangen, war weitgehend erfolglos. Es kam immer wieder zu Spannungen zwischen dem Patriarchen von Konstantinopel und dem Papst in Rom.

Im Jahr 537 ordnete Justinian den Bau der prächtigen Hagia Sophia an, dem Inbegriff der byzantinischen Architektur und dem Zentrum der griechisch-orthodoxen Kirche, bis sie 1453 in eine muslimische Moschee umgewandelt wurde. Dieses gewaltige Gebäude behielt seine Stellung als größte Kirche der Welt bis zum Bau der Kathedrale von Sevilla in Spanien im sechzehnten Jahrhundert. Heute ist sie ein weltliches Gebäude, in dem ein Museum untergebracht ist.

In den östlichen Provinzen des verbliebenen Römischen Reiches hatten sich zahlreiche Konfessionen herausgebildet - armenische, griechische und syrische Orthodoxe sowie römische, armenische und chaldäische Katholiken -, die es unmöglich machten, eine zentralisierte Institution zu schaffen, wie sie im Westen unter dem Papst existierte.

Von Konstantinopel aus wurde eine Reihe von Missionsreisen unternommen, wobei der Schwerpunkt auf dem Fernen Osten und Afrika lag. Einige von ihnen waren sehr erfolgreich, andere scheiterten nach einigen Jahrhunderten.

Mit der muslimischen Hegemonie in der Region nach dem 16. Jahrhundert erlebten die christlichen Gemeinschaften eine Zeit des schwindenden Einflusses und schließlich den Rückzug großer Gemeinschaften, die sich in anderen Gebieten, in denen sie ihre Religion leichter ausüben konnten, neu niederließen. Im einundzwanzigsten Jahrhundert gibt es zum Beispiel in der heutigen

Türkei nur noch etwa zweitausend aktive Christen. Auch in anderen Ländern wie dem Irak, Syrien und den arabischen Staaten am Persischen Golf gingen die christlichen Gemeinschaften zurück.

Europäische Barbaren bekehren sich

Im fünften Jahrhundert wurden die ehemaligen römischen Gebiete in Europa von einer Reihe von barbarischen Herrschern beherrscht, und die Päpste mussten lernen, mit dieser neuen Realität umzugehen. Ein Teil der Strategie bestand darin, diese widerspenstigen und heidnischen Stämme aus dem Norden zu bekehren. Die Antwort auf dieses Dilemma war die Ausweitung der Missionsbemühungen, bei denen Mönche, Priester und einfache Christen es auf sich nahmen, die zahlreichen europäischen Stämme auf dem ganzen Kontinent zu evangelisieren, bis hinauf nach Skandinavien und so weit westlich wie das heutige Portugal. Es handelte sich dabei um eine grundlegende Anpassung der ursprünglichen Missionen, die im ersten Jahrhundert von Palästina aus in die Mittelmeerregionen gelangt waren.

In seiner *Geschichte der christlichen Missionen* stellte der britische Historiker George MacLear im 19. Jahrhundert fest, dass das Mittelalter fruchtbaren Boden für edle und heldenhafte Männer bot, die immer durch Selbstverleugnung und Selbstaufopferung, manchmal auch durch Märtyrertum und Blut, den Grundstein für viele der Kirchen des modernen Europas legten.[xi]

Eine der frühesten und zugleich spektakulärsten Bekehrungen war die von Chlodwig I., dem König, der als Erster die fränkischen Stämme zu dem vereinigte, was später Frankreich werden sollte. Er hatte eine burgundische Prinzessin namens Clotilde geheiratet, die katholisch war, aber Chlodwig selbst war immer noch nicht gläubig, bis ihn eine wunderbare Wendung der Ereignisse dazu brachte, seine Meinung zu ändern.

Während der Schlacht von Tolbiac gegen die Alemannen im Jahr 496 erlitt Chlodwig schwere Verluste innerhalb seiner Truppen. In seiner Verzweiflung wandte er sich an den Gott seiner Frau und betete um Hilfe. Der Historiker Gregor von Tours aus dem sechsten Jahrhundert schrieb über dieses Kapitel der Christianisierung der Region in seinem Buch *Historia Francorum* (*Geschichte der Franken*). Er erklärte, Chlodwig habe Jesus

Christus, einen Gott, der, wie er einräumte, jenen Beistand gibt, die in Gefahr sind, und den Sieg denen gewähren, die auf ihn hoffen, angefleht, ihm den Sieg über seine Gegner zu gewähren, und dass er, wenn es ihm gelänge zu triumphieren, anfangen würde zu glauben und sich auf seinen Namen taufen lassen würde. In Tours wird berichtet, dass Chlodwigs Gebet die folgenden Worte enthielt: „Ich habe meine Götter angerufen, und ... sie haben mir nicht geholfen ... Zu dir rufe ich jetzt, ich möchte an dich glauben, wenn ich nur von meinen Gegnern gerettet werden kann."

Chlodwig I. gewann schließlich die Schlacht von Tolbiac und löste sein Versprechen ein. Er bekehrte sich selbst und seine dreitausend überlebenden Männer zum arianischen Christentum (obwohl er sich später im Leben zum katholischen Glauben taufen ließ), was den Beginn einer neuen Religion für die gesamte französische Region bedeutete.

Ein weiterer früher und sehr erfolgreicher Fall von Bekehrung war der der römischen Provinz Britannia, dem heutigen England, wo das Christentum zwischen dem zweiten und dritten Jahrhundert Einzug hielt. Die Kelten im benachbarten Hibernia - dem klassischen lateinischen Namen für Irland - wurden ebenfalls sehr früh bekehrt, obwohl sie nie von den Römern erobert wurden.

Als die Römer diese Region im frühen fünften Jahrhundert verließen, hielt sich das Christentum vor allem in Irland und im westlichen Britannien, obwohl sie aufgrund ihrer Isolation keinen Kontakt zu den religiösen Fortschritten im überlebenden Weströmischen Reich hatten. Eine Mischung aus ursprünglichen keltischen Traditionen und dem christlichen Glauben bildete das, was damals als die keltische Kirche bekannt war.

Germanische heidnische Stämme - die Angelsachsen - drangen nach dem Rückzug der Römer auf die britischen Inseln vor und trafen dort auf andere lokale Stämme, wie z. B. einige aus Northumbria, die sich unter römischer Herrschaft der Bekehrung widersetzt hatten. Obwohl die Angelsachsen viele der Städte zerstörten, in denen Christen lebten, hielten diese Menschen an ihrem Glauben fest, obwohl diese Jahre für sie sehr dunkel waren.

Die Kelten in Irland, die bereits ihre eigenen christlichen Ansichten vertraten, wurden zu Beginn des fünften Jahrhunderts von der römisch-katholischen Kirche evangelisiert, etwa durch

Palladius, einen vom römischen Papst gesandten Bischof. Der heilige Patrick ist vielleicht der bekannteste Missionar, der in Irland tätig war. Er kam 432 aus England und war mit seiner Arbeit auf der Insel so erfolgreich, dass er zu einer weithin verehrten Figur wurde und als Schutzpatron des irischen Volkes gilt.

Die christliche religiöse Inbrunst schlug tiefe Wurzeln bei den Kelten in Irland. Sie bildeten einen fortschrittlichen Vorposten unter den westlichen Völkern, schreibt MacLear, und als sie von christlichen Missionaren evangelisiert waren, wurden sie ihrerseits zu ausgesprochen eifrigen und erfolgreichen Predigern ihres neu angenommenen Glaubens.

Die Kelten ihrerseits schickten Missionare nach England, um die Angelsachsen und andere Stämme zum christlichen Glauben zu bekehren. Es gab auch mehrere Missionen, die von Rom ausgingen und ebenfalls großen Einfluss hatten. Im späten sechsten Jahrhundert wurde ein römischer Benediktinermönch von Papst Gregor I. auf eine Evangelisierungsmission nach Kent geschickt. Dieser Mann, der heilige Augustinus von Canterbury, spielte eine wesentliche Rolle bei den Bekehrungsbemühungen der Angelsachsen, indem er den König von Kent, Æthelberht, für seine Sache gewann.

Dank der gemeinsamen Bemühungen der Kelten und der Römer war es nur eine Frage der Zeit, bis die Angelsachsen zum Christentum übertraten, auch wenn es im Laufe der Jahre zu einigen Reibereien zwischen beiden Gruppen kam.

Im siebten Jahrhundert war praktisch die gesamte Bevölkerung Großbritanniens zum Christentum übergetreten. Zu diesem Zeitpunkt hatte sich das römische System auch endgültig gegen die keltische Version der Religion durchgesetzt.

Der christliche Glaube war unter den keltischen Völkern so stark, dass ab dem sechsten Jahrhundert Wellen irischer Missionare in viele andere europäische Regionen aufbrachen, sogar bis in die slawischen Gebiete, die heute Russland bilden, um diejenigen zu missionieren, die sich noch nicht bekehrt hatten.

Karl der Große (ca. 742-814) ist eine herausragende Persönlichkeit des Christentums in Europa. Ihm wird das Überleben der Religion in den meisten Teilen des Kontinents zugeschrieben, nachdem er jahrzehntelang versucht hatte, alle germanischen Stämme zusammenzubringen. Es gelang ihm, sie zum Christentum zu bekehren, wobei er oft recht rücksichtslos vorging. Sein berühmt-berüchtigtes Motto, die Sachsen durch Wort und Schwert zu bekehren fasst seine Absichten gut zusammen.

Karl dem Großen gelang es, den alten Ruhm des Römischen Reiches teilweise wieder aufleben zu lassen, indem er den größten Teil Westeuropas vereinigte, und er wurde sogar von Papst Leo III. in Rom zum Heiligen Römischen Kaiser gekrönt.

Nach dem neunten Jahrhundert begannen verschiedene Missionierungsbemühungen in den noch heidnischen skandinavischen und baltischen Gebieten. Diese Evangelisierung erfolgte im Laufe der Jahre nur sporadisch. Viele der Menschen in diesen Ländern wurden nur nominell christlich, da sie parallel dazu ihre eigenen heidnischen Bräuche pflegten.

Die Dänen waren die Ersten, die nach der Taufe von König Harald Blauzahn um 960 der Bekehrung zustimmten. Zu Beginn des 11. Jahrhunderts waren zwei norwegische Könige - beide mit dem Namen Olaf - die Hauptfaktoren für die Assimilierung des Landes an das Christentum. Olaf Trygvasson, der von 995 bis etwa zum Jahr 1000 regierte, soll der Erste gewesen sein, der eine christliche Kirche baute. König Olaf II. Haraldsson, der zwischen 1016 und 1030 regierte, wurde wegen seiner wichtigen Rolle bei der Bekehrung der Norweger posthum als Heiliger Olaf heiliggesprochen. Den endgültigen Schritt zum Christentum machten die Schweden jedoch erst im zwölften Jahrhundert unter der Herrschaft von König Sverker (ca. 1130 bis 1156).

Die ersten Evangelisierungsbemühungen in den ostslawischen Gebieten, dem heutigen Russland, der Ukraine und Weißrussland, gingen von der Ostkirche aus, d. h. von Konstantinopel und nicht von Rom. Dies ist der Grund für die orthodoxe Struktur dieses Gebietes, statt eher katholisch oder protestantisch. Zwei byzantinische Missionsbrüder aus Thessaloniki (dem heutigen Griechenland), die Heiligen Kyrill und Method, waren die Wegbereiter der großen Bekehrungsbemühungen, die in diesem Gebiet im neunten Jahrhundert stattfanden. Ihnen wird die Erfindung des glagolitischen und des kyrillischen Alphabets zugeschrieben, mit denen sie die Bibel in die ursprünglichen slawischen Sprachen - das heutige Russisch, Ukrainisch und

Weißrussisch - übersetzen und schreiben konnten.

Kyrill und Method, die auch als Apostel der Slawen bezeichnet werden, übten einen großen Einfluss auf die kulturelle Entwicklung dieser Region aus. Ihr Wirken fand weltweite Anerkennung und sie werden heute von allen drei Zweigen des Christentums - Katholiken, Protestanten und Orthodoxen - als Heilige anerkannt.

Christen vs. Muslime

Neben den Bemühungen, die heidnische Verehrung in Europa zu beenden, sahen sich die Christen einer weiteren Herausforderung gegenüber, die diesmal aus dem Osten kam. Eine neuere Religion - der Islam - hatte sich im siebten Jahrhundert in vielen arabischen Stämmen durchgesetzt. Bald darauf begannen sie eine Reihe von Eroberungen, zunächst in Kleinasien, wo sie große Städte wie Jerusalem und Cäsarea einnahmen. Sie drangen auch nach Nordwestafrika, Ägypten, Mesopotamien, Persien und schließlich nach Europa vor.

Dem fränkischen Anführer Karl Martel, dem Großvater Karls des Großen, gelang es, die muslimischen Invasoren des Umayyaden-Kalifats in der Schlacht von Tours im Jahr 732 aufzuhalten. Dieser große Feldzug zur Eroberung Galliens, des heutigen Frankreichs, wurde von Abd-al-Rahman al-Ghafiqi, dem umayyadischen Statthalter von Cordoba, angeführt. Aquitanien, das weiter südlich lag, war bereits von ihm erobert worden. Martel setzte sich jedoch am Ende durch; Al-Rahman wurde in der Schlacht getötet, und diese Gruppe von Muslimen beschloss, sich nach Spanien zurückzuziehen und nie wieder einen Invasionsversuch zu unternehmen.

Die Schlacht von Tours war ein entscheidender Moment für Europa, da es Karl Martel gelang, den Vormarsch der Umayyaden zu stoppen. Einige Gebiete im Osten und Südwesten Europas waren jedoch nicht so erfolgreich.

Die Umayyaden machten sich die Schwäche des westgotischen Königreichs zunutze, das über Iberien herrschte, was zu Beginn des achten Jahrhunderts zu einem raschen und siegreichen Überfall führte. Von 711 an dauerte es nur acht Jahre, bis Ṭāriq ibn Ziyād nach der Überquerung der Straße von Gibraltar von Nordafrika aus den größten Teil der Halbinsel eroberte.

Die Umayyaden errichteten ein Kalifat über einen Großteil Hispaniens (Spanien) und einen Teil des heutigen Portugals in dem Gebiet, das als al-Andalus bekannt wurde. Nur einige wenige Regionen im nördlichsten Teil der Iberischen Halbinsel wurden nie von den Umayyaden beherrscht, wie das Königreich Asturien. Während dieser Zeit lebten Christen, Muslime und Juden in einer Koexistenz, die in den nächsten siebenhundert Jahren zwischen friedlich und angespannt wechseln sollte.

Erst 1492 schlossen sich die katholischen Königshäuser Königin Isabella I. von Kastilien und König Ferdinand II. von Aragonien auf der Iberischen Halbinsel zu einem Königreich zusammen und zwangen Muslime und Juden, zum Christentum überzutreten oder aus dem Gebiet vertrieben zu werden.

Ab diesem Zeitpunkt war das Christentum in ganz Europa fest etabliert, und der Papst leitete von seinem Sitz in Rom aus alle Aspekte, die mit der Institution der Kirche zusammenhingen. Doch nicht alles war rosig in diesem großen geistlichen Reich. Kleine Reibereien zwischen einigen Gemeinschaften lösten schließlich riesige Flutwellen aus, die die Vormachtstellung der katholischen Kirche auf dem gesamten Kontinent ab dem sechzehnten Jahrhundert erschüttern sollten.

Die Kreuzzüge

Nach dem siebten Jahrhundert mussten die europäischen Christen mit Entsetzen feststellen, dass ein Großteil dessen, was sie das Heilige Land nannten - ein Gebiet zwischen dem Jordan und dem Mittelmeer, in dem Jesus Christus geboren wurde und sein Wirken begann -, nun von Muslimen beherrscht wurde. Viele dieser Gebiete waren Teil des byzantinischen Reiches gewesen, welches sie jedoch nach mehreren Schlachten verloren hatte.

Die Lage war so verzweifelt, dass der byzantinische Kaiser Alexius I. den Westen um Hilfe gegen diese Bedrohung durch die Türken bat, einen der damals stärksten Stämme, der zum muslimischen Glauben übergetreten war.

Papst Urban II. machte es sich zur Aufgabe, einen Feldzug zu organisieren, um diese Gebiete zurückzuerobern und sie wieder unter christliche Herrschaft zu stellen. Die Kirche hatte zu dieser Zeit viel politische und moralische Macht, und so folgten viele

Menschen aus ganz Europa begeistert seinem Aufruf.

Es war im Jahr 1095, als sich die erste Gruppe innbrünstiger Christen aus verschiedenen Teilen des Kontinents zusammenfand und zu ihrem ersten Kreuzzug, wie diese Reise genannt wurde, nach Osten aufbrach. Eine recht heterogene Schar schloss sich an - Ritter, einfache Männer, Frauen und sogar Kinder -, doch die Reise erwies sich als lang und tückisch, und viele starben unterwegs.

Vier große Heere trafen in Konstantinopel ein, um sich mit den Soldaten von Alexius zu verbünden. Gemeinsam eroberten sie wichtige Städte wie Antiochia, Tripolis, Nicäa und das Kronjuwel Jerusalem. Nach vier Jahren kehrten viele der Kreuzfahrer nach Europa zurück, während andere blieben, um eine gewisse Uniformität in den eroberten Gebieten zu erreichen.

In diesen Jahren begannen viele Europäer, Pilgerreisen ins Heilige Land zu organisieren, doch wurden sie auf der gefährlichen Reise oft ausgeraubt und getötet. Aus diesem Grund wurden einige Rittergruppen - oft aus tiefgläubigen religiösen Orden stammend - gegründet, um diesen Pilgern zu helfen und sie zu beschützen, aber auch um bestimmte militärische Aufgaben zu erfüllen. Zu den berühmtesten dieser Gruppen gehörten die Tempelritter, der Deutsche Orden und die Hospitaliter.

Es dauerte nicht lange, bis die Muslime ihren eigenen Kreuzzug - den Dschihad oder Heiligen Krieg - starteten, um die verlorenen Gebiete zurückzuerobern. Nach 1130 begannen sie mit der Rückeroberung von Gebieten, insbesondere unter der Führung des legendären muslimischen Anführers Salah al-Din[xii] (ca. 1137 bis 1193), im Westen als Saladin bekannt. Diesem Mann, der Sultan von Ägypten, Jemen, Palästina und Syrien wurde, gelang es 1187, Jerusalem und andere Städte in der Region von den Kreuzrittern zurückzuerobern. Er war nicht nur als großer Krieger berühmt, sondern auch als großzügiger, kultivierter Mensch mit großen moralischen Qualitäten.

Die Europäer beschlossen, einen zweiten Kreuzzug zu unternehmen, der von 1147 bis 1149 dauerte und hauptsächlich von König Ludwig VII. von Frankreich und König Konrad III. von Deutschland angeführt wurde. Dieser zweite Kreuzzug endete für sie mit einer demütigenden Niederlage - sogar Jerusalem ging verloren.

Es dauerte nicht lange, bis sich die Christen verpflichteten, ihre religiöse Mission fortzusetzen, und ein dritter Kreuzzug wurde organisiert, der auch als Kreuzzug der Könige bezeichnet wurde. Zwischen 1189 und 1192 zog einer der berühmtesten Könige aller Zeiten, König Richard, wegen seiner Tapferkeit im Kampf auch Löwenherz genannt, gegen seinen Erzfeind, den berühmten Saladin. Unter seinem Kommando wurde Jerusalem kurzzeitig von den Muslimen zurückerobert, aber beide Anführer waren militärische Genies, so dass es zu heftigen Kämpfen kam.

Richard hörte, dass sein Halbbruder John in England versuchte, seinen Thron zu erobern, und beschloss, zurückzukehren. Schließlich wurde ein Waffenstillstand geschlossen, und die Europäer kehrten nach Hause zurück, ohne Jerusalem wieder einzunehmen.

Zwischen 1202 und 1204 fand ein vierter Kreuzzug unter der Führung von Papst Innozenz III. statt. Das Hauptziel war die Rückeroberung Jerusalems, aber die Kreuzfahrer plünderten schließlich im April 1204 Konstantinopel, eine Stadt, die selbst christlich war. Diese Plünderung der Stadt, die natürlich auch eine große wirtschaftliche Bedeutung hatte, ebnete den Weg für den Zerfall des Byzantinischen Reiches.

Die Gesamtzahl der Kreuzzüge ist umstritten, aber es gab zumindest einen fünften Kreuzzug zwischen 1217 und 1221 und einen sechsten Kreuzzug von 1228 bis 1229. Der letzte von der Kirche genehmigte Kreuzzug fand im Jahr 1291 statt. Jerusalem wurde 1229 kurzzeitig zurückerobert, aber die Moral der Kreuzfahrer war bereits ziemlich am Boden, und schließlich ging die mythische Zeit der Kreuzzüge zu Ende. Das Heilige Land blieb für immer in muslimischer Hand.

Der Ferne Osten

In den ersten Jahrhunderten nach dem Tod Jesu wurden zahlreiche Missionsanstrengungen unternommen, um sein Wort bis in die östlichsten Regionen der bekannten Welt zu verbreiten. Schon früh ließen sich mehrere Gruppen in Persien (dem heutigen Iran) nieder, wo sie zunächst verfolgt wurden. Dennoch setzte sich das Christentum nach 424 schließlich durch, allerdings in völliger Unabhängigkeit von den Kirchen im Westen. Mehrere lokale

Bewegungen, wie die Nestorianer (auch als Kirche des Ostens bekannt) und die Jakobiten, wurden mit ihren eigenen Standards gegründet und von den Hauptkirchen als häretisch betrachtet. Menschen, die diesen Glauben praktizierten, wurde sogar die Einreise in das Byzantinische Reich untersagt. Diese christlichen Gruppen führten zahlreiche Missionen in Zentralasien und darüber hinaus durch.

Im fünften und sechsten Jahrhundert waren die Nestorianer bereits in Indien und China vertreten. Der persische Bischof A-lopen erreichte die chinesische Hauptstadt Chang'an - das heutige Xi'an - im Jahr 635. Er war recht erfolgreich bei der Verbreitung des christlichen Glaubens im ganzen Reich, gründete Klöster und übersetzte christliche Texte in die damals vorherrschende Sprache. Christliche Prinzipien wurden ermutigt, mit buddhistischen Konzepten zu konkurrieren. Am Ende der Tang-Dynastie im zehnten Jahrhundert waren jedoch praktisch alle Überreste der nestorianischen Gemeinschaft aus China verschwunden. Das nestorianische Christentum blieb zwar in kleinen Ansammlungen bestehen, war aber stark geschwächt.

Erst im dreizehnten Jahrhundert begannen die Katholiken ihre eigenen Missionsreisen in den Fernen Osten - nicht nur nach China, sondern auch nach Zentral- und Südostasien. Mongolische Stämme hatten sich nach Westen ausgebreitet, praktisch bis an den Rand Europas, und suchten den Kontakt mit dem Papst, den sie als den wichtigsten europäischen Führer ansahen.

Die Mongolen, die eher christlichen Ansichten zugeneigt waren, beherrschten China in dieser Zeit und luden die Kirche ein, Lehrer und Priester in die Region zu schicken. Bereits 1289 traf der erste römisch-katholische Missionar, ein Franziskaner namens Johannes von Monte Corvino, in Chinas Hauptstadt ein. Er war recht erfolgreich, übersetzte das Neue Testament und die Briefe in die mongolische Sprache und baute eine Kirche. In weniger als fünfzehn Jahren hatte er bereits eine starke Gruppe von sechstausend chinesischen Katholiken um sich geschart.

Diese positiven Aussichten für die Christen in China sollten jedoch nicht lange anhalten. Die Mongolen wurden 1368 von der Ming-Dynastie gestürzt, und danach wurde das Christentum nicht mehr geduldet. Bis 1369 waren alle Christen - ob katholisch oder nestorianisch - vertrieben worden.

Das Christentum kehrte nach dem sechzehnten Jahrhundert langsam nach Ostasien zurück, insbesondere durch die Jesuitenmissionen. Es gab aktive Reisen nach China, Malaysia (wo portugiesische Missionare bereits Mitte des 15. Jahrhunderts präsent waren), Thailand und Japan (wo sie letztlich scheiterten), neben anderen Nationen. Auch auf den Philippinen konnte sich der Katholizismus sehr gut etablieren. Als die Spanier 1565 unter der Führung von Miguel López de Legazpi die Religion einführten, wurden mehrere Orden gegründet, und die Religion blühte auf. Unter anderem gründeten Augustiner, Jesuiten, Karmeliter, Franziskaner und Dominikaner überall im Land Klöster, Schulen und Universitäten. Das Vorhaben war ein voller Erfolg - fast neunzig Prozent der heutigen Bevölkerung der Philippinen sind katholisch.

Eine ganz neue Welt

Das Ende des 15. Jahrhunderts neu errichtete Königreich Spanien war natürlich zutiefst katholisch (man denke an die vertriebenen Juden und Muslime) und gewann zunehmend an Macht. Es befand sich in einem ständigen Kampf mit den benachbarten Königreichen darum, wer die besseren Handelswege und damit mehr Zugang zu den Reichtümern aus dem Osten, wie Gewürzen, Seide und Mineralien, hatte. Diese Produkte waren in Europa sehr begehrt, aber nur sehr schwer zu beschaffen. Die Kaufleute mussten lange, aufwendige und gefährliche Reisen unternehmen, um diese Waren von einem Teil der Welt in den anderen zu bringen.

Ein Mann, Christoph Kolumbus, unterbreitete den spanischen Herrschern Isabella und Ferdinand einen kühnen Vorschlag: Er wollte einen Weg in den Osten suchen, indem er den umgekehrten Weg einschlug und so eine neue Route zu den Ländern eröffnete, aus denen die begehrten Waren kamen. Er dachte, dass er durch die Überquerung des Ozeans, der Indien angeblich vom europäischen Kontinent trennte, direkt an die indische Küste gelangen würde. Wie sehr er sich doch irrte - und wie sehr sich die Welt durch diese Fehleinschätzung verändern würde. Der Rest ist Geschichte. Kolumbus, ein erfahrener Seefahrer, erreichte tatsächlich eine andere Küste, nachdem er drei Schiffe, die Pinta, die Niña und die Santa María, ins Meer gesetzt hatte. Doch er erreichte nicht Indien, sondern einen riesigen Landstrich, von dem bis dahin niemand in der bekannten Welt etwas gehört hatte (obwohl Leif Eriksson ihn etwa fünfhundert Jahre zuvor entdeckt hatte, wusste das damals noch niemand). Ein paar Jahre später sollte dieses Land Amerika heißen.

Kolumbus starb, ohne zu wissen, dass die exotischen Länder, die er auf seinen drei Reisen besuchte, zu einem anderen Kontinent gehörten als Indien, weshalb er immer wieder sagte, er sei in Indien gewesen und habe mit Indianern zu tun gehabt. Doch dem Königreich Spanien bot sich die spektakulärste Gelegenheit seines Lebens: eine Region voller Gold, Silber und anderer unvorstellbarer Schätze. Und alles gehörte ihnen, um es zu erforschen, zu erobern und schließlich zu bekehren.

Die Tatsache, dass Spanien und Portugal - zwei tiefgläubige katholische Königreiche - die Kontrolle über ganz Mittel- und Südamerika sowie praktisch die gesamten südlichen Gebiete Nordamerikas übernahmen, veränderte die religiöse Struktur dieser Länder für immer. Es war eine epische Aufgabe, doch mit einer Kombination aus Überzeugungskraft, Gewalt und dem Aufbau mächtiger Institutionen sollte das katholische Schicksal der Region für die nächsten vierhundert Jahre bestimmt werden.

Die einheimische Bevölkerung begegnete den Priestern und Mönchen zunächst mit einer Mischung aus Misstrauen und Naivität, manchmal aber auch mit offener Feindseligkeit. Tausende von Missionaren begannen, Spanien zu verlassen, um sich der gewaltigen Aufgabe zu stellen, Millionen dieser so genannten Indianer zu bekehren. Es gibt Schätzungen, wonach fünfunddreißig Jahre nach dem Fall des Aztekenreichs bereits über achthundert Priester in Mexiko tätig waren.

Nach dem 19. Jahrhundert erlangten die amerikanischen Provinzen ihre Unabhängigkeit, aber der Katholizismus blieb mit Millionen von Gläubigen stark vertreten.

Der Prozess der Evangelisierung in den nördlichsten Gebieten des Kontinents verlief völlig anders, was auf die erwähnten Reibereien unter den europäischen Christen zurückzuführen ist, die Ende des vierzehnten Jahrhunderts begannen und weniger als hundert Jahre später zu einem großen Schisma führten.

Kapitel 5 - Radikale Veränderungen innerhalb der Kirche

Tausend Jahre, nachdem das Christentum zur offiziellen Religion des Römischen Reiches geworden war, hatten sich fast alle Einwohner Europas an eine einheitliche Struktur angepasst, in der die Religion praktisch jeden Aspekt ihres Lebens vollständig beherrschte.

Die dogmatische Macht der katholischen Kirche war in der Region fest verankert - vielleicht sogar zu fest. Diese unglaubliche Machtfülle führte schließlich zur Korruption, sowohl in geistlicher als auch in dogmatischer Hinsicht. Die katholische Kirche war unermesslich reich geworden. Einigen Schätzungen zufolge gehörten ihr 1502 fünfundsiebzig Prozent des gesamten Vermögens in Frankreich. Auf dem Nürnberger Reichstag von 1522 wurde festgestellt, dass sich fünfzig Prozent des deutschen Reichtums in den Händen der Kirche befanden. Die Dekadenz hatte alle Bereiche erreicht, und es war sogar üblich, dass Priester Frauen im Austausch gegen Sex die Absolution für ihre Sünden erteilten.

Auch der Feudalismus trieb die Kirche im Mittelalter in einen Zustand zunehmender Korruption, da viele der ausgedehnten Ländereien unter ihrer Kontrolle nicht für geistliche Zwecke, sondern für weltliche Aktivitäten genutzt wurden. Dies ermöglichte den Verkauf von Einflüssen, wobei ein Kunde einen lukrativeren Vertrag für die Nutzung dieser Ländereien anbieten konnte.

Viele der damaligen kirchlichen Dekrete entfernten sich zunehmend von den ursprünglichen Aussagen der Heiligen Schrift. Ein besonderes Thema - der Ablasshandel - brachte viele Menschen in Konflikt mit den kirchlichen Führern.

Die Priester gewährten Vergebung durch die sakramentale Beichte, aber dies war unabhängig von der Strafe, die man für bestimmte Vergehen erhalten konnte. So konnte die Kirche einen Ablass gewähren, damit die Menschen diese Sünden wiedergutmachen konnten. Ursprünglich wurde von den Menschen verlangt, dass sie sich einer geistlichen Aufgabe unterzogen, z. B. einen heiligen Ort besuchten oder eine Art von Wohltätigkeit leisteten. Manche Menschen wollten jedoch einfach auf diese Strafen verzichten und stattdessen eine Art von Zahlung leisten.

Im späten Mittelalter war der Verkauf von Ablassbriefen zu einer gängigen Praxis geworden, wobei das eingenommene Geld zur Aufrechterhaltung eines luxuriösen Lebensstils für viele Geistliche verwendet wurde. Diese dekadente Praxis stieß natürlich auf großen Abscheu. Der Wendepunkt, kommentiert der Historiker Peter Watson, wurde 1476 erreicht, als Papst Sixtus IV. erklärte, dass Ablässe auch ‚den Seelen, die im Fegefeuer gelitten haben', gewährt werden könnten. Dieser himmlische Betrug, wie William Manchester[xiii] ihn beschreibt, war ein sofortiger Erfolg: Um ihren toten Verwandten zu helfen, waren die Bauern bereit, ihre Familien hungern zu lassen.[xiv]

Auch die Führung des Papstes als geistliche Institution wurde im Spätmittelalter geschwächt. Im Jahr 1305 hatte König Philipp I. von Frankreich seinen Einfluss geltend gemacht, um Clemens I., einen Franzosen und persönlichen Freund von ihm, zum Papst wählen zu lassen. Da er damit nicht zufrieden war, beschloss er 1309, den päpstlichen Hof in die französische Stadt Avignon zu verlegen, wo er bis 1377 blieb. Nachdem der Hof nach Rom zurückgekehrt war, kam es während des so genannten Westlichen Schismas zu einem Kampf um den rechtmäßigen Anspruch auf das Amt des Papstes. Es gab eine Reihe von Päpsten und Gegenpäpsten, die nacheinander ernannt und dann abgesetzt wurden. All dies schwächte die päpstliche Institution unter den Europäern, die der

Meinung waren, dass dieses Amt nicht durch normale politische Kämpfe beschmutzt werden sollte.

Die Reformation: Ein deutscher Mönch löst den Wandel aus

Ein gebildeter Augustinerpater, der Professor für Moraltheologie an der Universität Wittenberg war, trat im Jahr 1517 auf dramatische Weise aus der Versenkung hervor. Dieser tiefgläubige Mann namens Martin Luther (1483-1546) schlug eine von ihm verfasste akademische Schrift an die Tür des Wittenberger Schlosses - seine *Disputation über die Macht des Ablasses*, allgemein bekannt als die *fünfundneunzig* Thesen - und löste damit die sogenannte Reformation aus. Es war ein kühner Akt des Trotzes gegen die katholische Kirche, denn diese Schrift enthielt eine Reihe von Vorschlägen und Bedenken zu mehreren dogmatischen und praktischen religiösen Fragen. Wer es damals wagte, sich der Kirche zu widersetzen, riskierte Schikanen, Verfolgung und sogar Exkommunikation.

Ein neuer, revolutionärer Fortschritt war ausschlaggebend für das, was danach geschah: die Druckerpresse. Etwa achtzig Jahre zuvor hatte ein anderer Deutscher, Johannes Gutenberg, eine außergewöhnliche Neuerung an einer Maschine vorgenommen, die die Chinesen seit Jahrhunderten benutzten, um Dokumente in Serie zu drucken. Es handelte sich dabei um die beweglichen Schriftzeichen, d. h. die Buchstaben konnten je nach dem zu reproduzierenden Text angepasst werden und waren nicht wie bei der chinesischen Version ein fester Block. Dies ermöglichte eine schnellere - und billigere - Vervielfältigung aller Arten von Texten.

Bevor die Massenpresse begann, Tausende von Büchern, vor allem die Bibel, zu drucken, und auch kurz nach der Entstehung von Gutenbergs Prototyp, waren das Lesen und der Besitz von Büchern ein Privileg, das nur wenigen Menschen vorbehalten war. Erstens war der Analphabetismus unter den Europäern noch weit verbreitet, und zweitens waren handgeschriebene Texte sehr teuer - nur die reichsten Eliten konnten sie sich leisten. Bevor der Buchdruck revolutioniert wurde, waren Mönche für die mühsame Aufgabe zuständig, Manuskripte von Hand zu vervielfältigen. Die Fertigstellung eines Buches konnte Wochen dauern, und die

Ausbildung, die diese Schreiber absolvierten, um Buchstaben und Bilder reproduzieren zu können, war zermürbend.

Die Kirche war auch sehr darauf bedacht, diese wertvollen Dokumente nicht in die Hände des einfachen Volkes gelangen zu lassen. Sie behielt das Wissen für sich, und die Klöster waren sehr besitzergreifend in Bezug auf die Texte, die sie besaßen. Bildung bedeutete Macht, und wer über die pädagogischen Mittel - die Bücher - verfügte, konnte diese Macht noch umfassender ausüben.

Der Buchdruck veränderte die Welt radikal, denn er wurde zu einem unverzichtbaren Instrument der Bildung. Mehr Menschen hatten billigeren Zugang zu Büchern und damit mehr Macht in Reichweite ihrer Hände und Köpfe. Als Martin Luther seine Thesen anschlug, wurden die gedruckten Exemplare schnell in der ganzen Region und darüber hinaus verbreitet. Dies bedeutete, dass Tausende von Menschen recht schnell von Luthers Ideen erfuhren.

Luthers Idee war es zunächst, der katholischen Kirche einige Überlegungen vorzulegen und nicht etwa, gegen sie vorzugehen. Doch die Obrigkeit war über seine „Thesen“ alles andere als erfreut, und 1521 wurde er auf dem Reichstag zu Worms exkommuniziert und als Geächteter verurteilt. Doch Luther hatte seine Anhänger, und unter dem Schutz einiger deutscher Fürsten setzte er seine Arbeit fort und übersetzte sogar die Bibel ins Deutsche - etwas Unerhörtes, denn religiöse Schriften wurden in Europa nur auf Latein gelesen und geschrieben. Dies war ein weiterer entscheidender Faktor, der das einfache Volk vom Zugang zu diesen Werken abhielt; es war unmöglich, die Schriften vollständig zu verstehen, da nur sehr wenige tatsächlich Latein verstehen konnten. Luther war der festen Überzeugung, dass die Bibel gelehrt werden sollte, damit jeder ihre Botschaft verstehen konnte, und seine Bibelübersetzung steigerte seine Popularität nur noch.

Eine weitere revolutionäre Idee, die Luther vertrat, war, dass es Priester erlaubt sein sollte, zu heiraten. Tatsächlich heiratete er eine ehemalige Nonne, mit der er in einer langen und stabilen Beziehung sechs Kinder zeugte.

Im Jahr 1524 führte ein Aufstand der deutschen Bauern dazu, dass Luthers Prinzipien in der Region umgesetzt wurden. Kurz darauf wurde das Luthertum in ganz Deutschland, Skandinavien und Teilen des Baltikums als offizielle Religion eingeführt.

Andere Rebellen ziehen nach

Luthers Ideen verbreiteten sich wie ein Lauffeuer in vielen europäischen Regionen, und kurz darauf folgten andere Führer seinem Beispiel und übernahmen einige seiner Grundsätze.

Im Jahr 1519 hatten die Predigten eines Schweizer Pfarrers namens Ulrich Zwingli in der Stadt Zürich Wirkung gezeigt und damit die Schweizer Reformation eingeleitet.

Auch Frankreich war 1541 von den Ideen der Reformation erfasst worden. Ein französischer Protestant, Johannes Calvin (1509-1564), war in die Schweiz verbannt worden und arbeitete fieberhaft an mehreren Ideen für eine innovative religiöse Doktrin. In Genf verfasste er seine Institutionen der christlichen Religion, die sich erfolgreich in den Niederlanden, Schottland, Frankreich und Siebenbürgen verbreiteten. Das, was als Calvinismus bekannt wurde, wurde schließlich bald darauf in vielen dieser Gebiete als offizieller protestantischer Zweig der Christenheit angenommen.

Die Reformation in England wurde aus einer Reihe von Gründen durchgeführt, die weniger mit der Religion und der Lehre selbst als vielmehr mit der Politik zu tun hatten.

König Heinrich VIII. brauchte einen männlichen Erben, aber seine Frau, Katharina von Aragon, konnte ihm keinen schenken. Von den sechs gemeinsamen Kindern überlebte nur eines - ein Mädchen namens Maria - bis zum Erwachsenenalter. Daher bat er um die Annullierung seiner Ehe, was Papst Clemens VII. ablehnte. Heinrich verschwendete keine Zeit damit, diese Frage mit Rom zu erörtern, und 1534 beschloss er, dass er allein das Oberhaupt einer neuen Kirche in England sein sollte.

Heinrich nahm eine Form des Protestantismus an, die von vielen calvinistischen Ideen durchdrungen war, und setzte schließlich seinen Willen durch. Er annullierte seine Ehe mit Katharina. Doch der Versuch, einen Sohn zu zeugen, stieß auf viele Hindernisse, und Heinrich heiratete noch fünf weitere Male.

Am Ende war alles, was Heinrich VIII. unternahm, um einen dauerhaften männlichen Erben zu zeugen, vergeblich. Sein lang ersehnter überlebender Sohn, Edward VI., regierte nur sechs Jahre lang, vom neunten bis zum fünfzehnten Lebensjahr, bevor er an Schwindsucht (wie Tuberkulose damals genannt wurde) starb.

Es ist eine Ironie des Schicksals, dass die beiden überlebenden Töchter Heinrichs VIII. noch viele Jahre nach seinem Tod die nächsten Herrscherinnen Englands werden sollten.

Zuerst kam Mary Tudor, Heinrichs Tochter aus der Ehe mit Katharina von Aragon, die für eine begrenzte Zeit versuchte, den römischen Katholizismus in England wiederherzustellen. Ihre Mutter war eine überzeugte spanische Katholikin gewesen, so dass ihre Loyalität dem Papst in Rom galt. Eine Zeit lang war sie erfolgreich, wenn auch nur durch den Einsatz blutiger Methoden, um die religiöse Disziplin aufrechtzuerhalten. Königin Maria ordnete zahlreiche Hinrichtungen derjenigen an, die sich der Wiederherstellung des Katholizismus widersetzten, und diese grausamen Verfahren brachten ihr den Spitznamen Maria die Blutige, oder Bloody Mary, ein.

Nach Marias vorzeitigem Tod aufgrund einer Krankheit innerhalb von fünf Jahren ihrer Herrschaft trat ihre jüngere Halbschwester ihre Nachfolge an. Diese junge rothaarige Frau wurde später zu einer der berühmtesten Königinnen aller Zeiten, Elisabeth I., und regierte England mehr als vierzig Jahre lang. Sie führte den Protestantismus im Land wieder ein, doch um möglichst viele Menschen zufrieden zu stellen, setzte sie die Idee um, ihr Volk auf halbem Weg zu treffen, woraus sich die neuartige Church of England oder Anglikanische Kirche entwickelte, die sowohl Elemente des Calvinismus als auch des Katholizismus aufnahm.

Die Gegenreformation: Die katholische Kirche reagiert

Die religiösen Neuerungen, die Luther, Calvin und andere in vielen Ländern Nordeuropas eingeführt hatten, wurden von den katholischen Behörden nur langsam aufgenommen. Es gab einige positive Veränderungen, die auf die Erkenntnis zurückzuführen waren, dass der Protestantismus aus einem guten Grund entstanden war, doch andere Ergebnisse führten eher auf die dunkle Seite.

Das Konzil von Trient, das zwischen 1545 und 1563 mehrmals zusammentraf, verurteilte die Reformation, obwohl es ein tiefes

Nachdenken über die Ursachen, die zu ihr geführt hatten, anstellte. Die Behörden beschlossen, viele der Praktiken, die den Zorn der Reformatoren hervorgerufen hatten, beizubehalten, verboten aber jegliche Art von Missbrauch, der sich aus ihnen ergab. Es wurde eine Reihe neuer Regeln aufgestellt, die unter anderem den Ablasshandel und die Moral in den Klöstern betrafen.

Diese neue Periode des Katholizismus nach der Reformation ist als Gegenreformation oder katholische Erweckung bekannt. Es gab eine Verlagerung hin zu mehr Spiritualität und besseren Bildungsstandards. Es wurden neue religiöse Orden gegründet, wie z. B. die Jesuiten, die sich stark für intellektuelle Leistungen und strenge moralische Regeln einsetzten.

Die Gegenreformation war also eine Zeit mit mehr Mystik und Strenge, aber auch mit strengen Maßnahmen, die so weit gingen, dass sie die dunkelste Episode der Inquisition mit sich brachten.

Die Institution der Inquisition existierte seit dem zwölften Jahrhundert, vor allem in Frankreich, Deutschland und Norditalien, und war dem Kampf gegen die Ketzerei gewidmet. Zu den berüchtigtsten Fällen dieser Zeit gehörten die Folterung und Hinrichtung Tausender von Tempelrittern, hauptsächlich aus politischen und finanziellen Gründen, sowie der Prozess und die Hinrichtung von Jeanne d'Arc, der französischen Heldin des Hundertjährigen Krieges gegen die Briten während des 15. Jahrhunderts.

Die Kirche hatte große Angst vor häretischen Aktivitäten, aber sie war auch misstrauisch gegenüber jeder verdächtigen Handlung, die einer rebellischen Haltung ähneln könnte, wie sie während der Reformation stattgefunden hatte. Es war zu riskant; sie würden nur weiter Anhänger, Macht und noch mehr von ihren alten Besitztümern verlieren, wenn sie dies weiterhin zuließen. Viele Besitztümer der katholischen Kirche - darunter Kathedralen, Kapellen und Klöster - wurden in den Ländern, in denen das Luthertum und der Calvinismus Wurzeln geschlagen hatten, geplündert, zerstört oder beschlagnahmt.

Die Institution, die sich der Verfolgung von Ketzern widmete, erhielt neue Gründe, um auch gegen religiöse Abweichler zu ermitteln, und so erreichte die Inquisition nach der Reformationszeit ein neues Ausmaß an Grausamkeit.

Die Spanische Inquisition: Das Terrorregime

Noch vor Beginn der Gegenreformation hatten sich die Dienste der Inquisition bis ins fünfzehnte Jahrhundert nach Spanien und Portugal ausgedehnt. Vor allem die Spanier taten sich schwer mit den sogenannten Conversos, jenen Moslems und Juden, die eher aus purem Druck, Praktikabilität und Angst als aus Überzeugung zum Christentum übergetreten waren. Die Herrscher Ferdinand und Isabella glaubten, dass die Einrichtung eines heiliges Amtes der Inquisition auf ihrem Territorium bei diesen Problemen helfen würde.

Der Dominikanermönch, der mit der Leitung der Inquisition betraut wurde, sollte später zum Synonym für Schrecken und barbarischen Eifer werden - der ruchlose Tomás de Torquemada. Von seinem Posten als Generalinquisitor aus versetzte er viele Menschen in Angst und Schrecken. Folterungen waren an der Tagesordnung, und etwa zweitausend Menschen wurden auf dem Scheiterhaufen verbrannt. Selbst der heilige Ignatius von Loyola, der Gründer der Jesuiten und berühmte Theologe, wurde zweimal verhaftet, nachdem er der Ketzerei verdächtigt worden war.

Die Beschwerden gegen Torquemada gingen bis zu Papst Alexander VI. selbst. Er war von all den schrecklichen Geschichten so überwältigt, dass er sofort die Initiative ergriff, um Torquemadas Macht zu beschränken. Dies wurde unter anderem durch die Ernennung von vier Hilfsinquisitoren erreicht.

Die Schreckensherrschaft der spanischen Inquisition endete nicht mit dem Tod Torquemadas im Jahr 1498, stattdessen wurde die Institution nach Nordafrika und in die Neue Welt verlegt, d. h. in die nun als Amerika bezeichneten Gebiete, die unter spanischer Herrschaft standen.

In Mexiko wurde 1570 ein Amt der Inquisition eingerichtet, das sowohl Ketzer und Protestanten als auch „Marranos“ verfolgte, also konvertierte Juden, die noch die jüdischen Bräuche praktizierten. Von dort aus breitete sich die Institution auf die übrigen Provinzen der Neuen Welt aus.

Die Inquisition in Spanien und Amerika war so hart, dass protestantische Gruppen sich endgültig gegen die Gründung ihrer Gemeinden in diesen Gebieten entschieden. Die berüchtigte Institution wurde in diesen Regionen erst im neunzehnten Jahrhundert abgeschafft. Die letzte Person, die im Auftrag der Inquisition gehängt wurde, war ein spanischer Lehrer im Jahr 1826, der der Ketzerei angeklagt war.

Die römische Inquisition: Gegenreaktion auf die Reformation

Nach dem Ausbruch der protestantischen Reformation in den meisten nordeuropäischen Ländern suchten die katholischen Behörden in Rom verzweifelt nach einer Art Gegenmaßnahme. Ihr Einfluss war in diesen Regionen drastisch geschrumpft, und sie hüteten sich auch vor allen anderen Aktivitäten, die als ketzerisch angesehen werden konnten. So konnten mutmaßliche Hexen, nicht konvertierte Juden, Menschen die sich angeblich der Zauberei oder Unmoral schuldig gemacht hatten und manchmal sogar Personen, die Ideen verfolgten, die der Humanität der Renaissance ähnelten, angeklagt und vor ein Inquisitionstribunal gestellt werden.

Die Inquisition in Rom war zu dieser Zeit weit weniger radikal als ihr Pendant in Spanien, und viele der Fälle endeten eher mit der Zahlung von Geldstrafen, der Beschlagnahme von Eigentum oder bürokratischen Anklagen, als dass Menschen auf dem Scheiterhaufen verbrannt oder zu Tode gefoltert wurden. Dennoch öffnete es die Tür für viele religiöse Konflikte, die den europäischen Kontinent für den größten Teil des 16. und 17. Jahrhunderts in Zwietracht, grausame Verfolgungen und regelrechte Kriege stürzen sollten. Außerdem brachte sie einige schreckliche Fälle von Ungerechtigkeit und Rückständigkeit mit sich, wie z. B. den Prozess gegen den berühmten Physiker und Astronomen Galileo Galilei im Jahr 1633, in dem er der Ketzerei angeklagt wurde, weil er behauptet hatte, die Erde drehe sich um die Sonne. Er musste den Rest seiner Tage unter Hausarrest verbringen.

Der Dreißigjährige Krieg

Das Heilige Römische Reich bestand noch im siebzehnten Jahrhundert und umfasste den größten Teil der Gebiete in West-, Mittel- und Südeuropa. Das aufkommende Nationalgefühl in vielen seiner Staaten und die Tatsache, dass einige noch katholisch waren und andere bereits zum Protestantismus übergetreten waren, führten schließlich zu zunehmenden Spannungen innerhalb seiner Grenzen.

Karl V., der Kaiser des Heiligen Römischen Reiches zur Zeit Martin Luthers, sah sich mit der Tatsache konfrontiert, dass seine Ländereien zwischen Katholiken und Protestanten aufgeteilt waren. Er kämpfte während seiner gesamten Regierungszeit gegen die deutschen Fürsten, wenn auch nicht mit großem Erfolg. Die Reformation hatte sich in den meisten nord-, west- und osteuropäischen Staaten durchgesetzt, und das war etwas, das er einfach nicht überwinden konnte.

Der endgültige Übergang zum Protestantismus im übrigen Europa war ebenfalls von ständigen Auseinandersetzungen, Aufständen und Kriegen geprägt. Die Liste der Auseinandersetzungen ist lang und blutig, und viele der Konflikte dauerten jahrelang an, mit den schrecklichen Folgen, die sie in Bezug auf Menschenleben, wirtschaftliche Katastrophen und politische Instabilität hatten.

Die Eroberung des katholischen Irlands durch die Tudors zwischen 1529 und 1603 führte zu einer Reihe von Aufständen und dem Neunjährigen Krieg, auch Tyrone's Rebellion genannt. Frankreich erlebte zwischen 1562 und 1598 einen langen Krieg, in dem sich Katholiken und Hugenotten (französische Protestanten, die der calvinistischen Lehre anhängen) gegenüberstanden und der über drei Millionen Tote forderte. Im Niederländischen Unabhängigkeitskrieg (1568-1648) kämpften die Niederlande, Luxemburg und Belgien, die den Protestantismus angenommen hatten, gegen den regierenden katholischen spanischen König. Dieser Konflikt dauerte sage und schreibe achtzig Jahre, weshalb er auch als Achtzigjähriger Krieg bekannt ist. Hinzu kamen der Münsteraner Täuferaufstand (1534-1535) in Deutschland, die dänisch-norwegische Grafenfehde (1534-1536), der Straßburger

Bischofskrieg (1592-1604) im Heiligen Römischen Reich und der böhmische Aufstand (1618-1620) sowie viele andere Auseinandersetzungen. All diese Zusammenstöße führten schließlich zu dem schrecklichsten aller Konflikte: Der Dreißigjährige Krieg.

Nach dem Tod Karls V. wurde das Heilige Römische Reich geteilt, und seine Nachfolger führten eine gewisse Toleranz gegenüber den Protestanten ein. Ende des 16. und Anfang des 17. Jahrhunderts herrschte in dieser Region Europas eine relative Zeit der religiösen Neutralität und des Friedens. Doch all dies sollte sich mit dem böhmischen König Ferdinand II. ändern, der 1619 zum Kaiser des Heiligen Römischen Reiches aufstieg.

Als überzeugter Anhänger des Katholizismus bemühte sich Ferdinand II. aktiv um die Wiederherstellung der obligatorischen katholischen Kontrolle in seinem Herrschaftsgebiet, stieß dabei jedoch auf Widerstand seitens der deutschen Fürsten.

Die protestantischen Böhmen revoltierten gegen Ferdinand, setzten seine Vertreter ab und ernannten einen Calvinisten, Friedrich V., zum König von Böhmen. Ferdinand konterte schnell und löste damit einen Krieg aus, der dreißig Jahre dauern und einen großen Teil der Bevölkerung der betroffenen Gebiete dezimieren sollte.

Die katholischen Südstaaten des Heiligen Römischen Reiches schlossen sich zur Katholischen Allianz zusammen und schlugen die protestantische Rebellion zunächst nieder. Zahlreiche deutsche Fürsten und viele protestantische Führer wurden hingerichtet.

Andere protestantische Nationen reagierten schnell auf die Art und Weise, wie Ferdinand die Situation handhabte, verurteilten die Morde und sprachen den Aufständischen ihre volle Unterstützung zu. Dies verkomplizierte die Situation noch mehr. Was im Grunde als interner Konflikt begonnen hatte, war nun zu einem ausgewachsenen kontinentalen Krieg geworden. Spanien, England, Frankreich, Schweden, Dänemark, Ungarn, viele italienische Staaten und die niederländische Republik wurden in den Konflikt verwickelt.

Das katholische Spanien hatte vor kurzem seine Herrschaftsgebiete in den Niederlanden verloren und wollte sie zurückgewinnen. Die Niederländische Republik, die nun streng protestantisch war, schlug zurück. Die bourbonischen Franzosen, die zwar immer noch mehrheitlich katholisch waren, beschlossen, sich auf die Seite der niederländischen Protestanten zu stellen, um der spanischen Dynastie der Habsburger entgegenzutreten, einem einflussreichen Haus, das seit 1438 die Macht im Heiligen Römischen Reich innehatte.

In ganz Europa kämpften Armeen und Söldnergruppen gegeneinander und richteten überall Verwüstungen an. Die Sterblichkeitsrate stieg rapide an, die Wirtschaft wurde zerschlagen, und die Bevölkerung des Kontinents litt unter Hungersnöten und vielen anderen unvorstellbaren Qualen. So brach beispielsweise die Pest aus, die ihre tödliche Wirkung auf die Menschen entfaltete.

Insgesamt erlitt Europa während dieser drei Jahrzehnte schreckliche Verluste. Der Krieg endete erst 1648, als die Hauptakteure - das Heilige Römische Reich, Schweden und Frankreich - eine Reihe von Verträgen unterzeichneten, die als Westfälischer Friede bekannt wurden.

Es wird geschätzt, dass der Dreißigjährige Krieg etwa vierzig Prozent der deutschen Bevölkerung auslöschte und ein Drittel der deutschen Städte völlig zerstört wurde. Auch in anderen Ländern gab es viele Verluste und einen hohen Prozentsatz an Umsiedlern.

Der Strukturwandel in Europa

Die Jahrhunderte nach der Reformation und der Gegenreformation haben das Gesicht Europas radikal verändert - nicht nur in religiöser Hinsicht, sondern auch in seiner wirtschaftlichen, geistigen, kulturellen und politischen Struktur.

Die Folgen des Dreißigjährigen Krieges waren für viele Regionen katastrophal. Dennoch erlebte der Kontinent schließlich den Beginn einer neuen Ära, die eine Zeit größeren Glanzes einleitete. Die Universitäten wurden stärker und informierter, auch dank der vom Protestantismus vorangetriebenen Alphabetisierung; das Zeitalter der Aufklärung brach an, vor allem aufgrund des zunehmenden Säkularismus im Alltag; die Künste blühten mehr als je zuvor; und der Kapitalismus setzte seine Motoren in Gang und brachte den europäischen Bewohnern eine nie gekannte Lebensqualität.

Eine der wichtigsten Folgen des Dreißigjährigen Krieges war zweifellos die größere Religionsfreiheit für die meisten Europäer. Viele Staaten, ob sie nun protestantisch wurden oder überwiegend katholisch blieben, akzeptierten nun die meisten religiösen Minderheiten innerhalb ihrer Grenzen. Viele Intellektuelle, die von den während der Aufklärung diskutierten Ideen beeinflusst waren, distanzierten sich von religiösen Institutionen (wenn auch nicht von der Religion selbst). Die Ursprünge, die Moral und die Doktrin des Christentums kamen in die Diskussion, was einerseits zu einer säkulareren Gesellschaft führte, andererseits aber auch der Religion eine modernere Sichtweise auf viele ihrer alten Grundsätze verlieh.

Andererseits führte der Protestantismus ironischerweise auch dazu, dass viele eine orthodoxere und konservativere Auffassung von Religion annahmen, sogar noch mehr als der traditionelle Katholizismus. Einige der neuen Konfessionen, die zumeist calvinistischen Ursprungs waren, vertraten sehr strenge Ansichten über die christlichen Grundsätze.

Nordamerika: Die Religionsfreiheit hat einen steinigen Weg hinter sich

In England war nicht alles rosig, nachdem das Land seine Unabhängigkeit von der katholischen Herrschaft erklärt und seine eigene Kirche gegründet hatte. Nicht nur in diesem Land, sondern auch anderswo in Europa hatten sich viele Gruppen für die Religionsfreiheit begeistert, d. h. für die Möglichkeit, Schriften und Lehren auf unterschiedliche Weise auszulegen. Eine Vielzahl religiöser Untergruppen blühte in der Folge auf.

Eine dieser Bewegungen, die Puritaner, begannen, eine Reihe von Beschwerden gegenüber der nun herrschenden Kirche von England zu äußern, die sie als korrupt ansahen. Bald darauf begann die Verfolgung gegen sie, und eine große Zahl von Puritanern floh nach Holland, wo ihre Freiheit, ihren Glauben zu praktizieren, nicht so stark beeinträchtigt wurde. Im Jahr 1620 hörten sie, dass ein Schiff - die *Mayflower* - bald in ein Gebiet in Virginia in Amerika aufbrechen würde, wo die britische Krone diesen religiösen Abweichlern erlauben würde, sich niederzulassen. In der Hoffnung, die ersehnte Freiheit zu finden, schlossen sie sich einer anderen Gruppe von Siedlern an, die später als die Pilgerväter bekannt werden sollten, und stachen in See. Nachdem die *Mayflower* mitten auf dem Ozean in einen Sturm geraten war, kam sie vom Kurs ab und landete weiter nördlich, als ursprünglich beabsichtigt. Diese abenteuerlustige Gruppe errichtete die erste dauerhafte Siedlung in dieser Gegend, Plymouth, Massachusetts, wo es zu dieser Zeit nur sehr wenige Europäer gab.

Die Puritaner beschlossen, dass dies definitiv das Land war, in dem sie sich niederlassen wollten, und von diesem Zeitpunkt an bis 1640 strömten Tausende ihrer Glaubensbrüder und -schwestern in die benachbarten Gebiete an der nordöstlichen Küste der britischen Kolonie.

Diverse andere rebellische Protestanten - Baptisten, Methodisten, Presbyterianer, Quäker und Amish - wanderten ebenfalls in verschiedene Regionen Nordamerikas ein, vor allem in den Osten. Sie teilten dieses bunte religiöse Panorama mit der Church of England, den deutschsprachigen Lutheranern und einer kleinen jüdischen Gemeinde sowie mit Katholiken und Hugenotten weiter südlich. Viele der Staaten, aus denen sich der heutige Süden der Vereinigten Staaten zusammensetzt, waren damals noch spanische und französische Kolonien.

Dennoch war nicht alles so vielversprechend, wie es schien. Die Puritaner, die die Freiheit suchten, ihren Glauben friedlich zu praktizieren, betrachteten andere christliche Richtungen ironischerweise mit Verachtung und begannen, all jene zu verfolgen, die sie als unreine oder unvollkommene Anhänger Christi ansahen. Sie errichteten eine Art Theokratie in den Provinzen, die sie kontrollierten. Sogar Hexen wurden getötet. Einer der berühmtesten Fälle waren die Hexenprozesse von Salem zwischen 1692 und 1693, bei denen über zweihundert Menschen der Hexerei angeklagt wurden.

Die Anfänge des Christentums in Nordamerika waren also nicht so frei oder friedlich, wie viele glauben. Die Auseinandersetzungen zwischen verschiedenen protestantischen Gruppen, auch mit den Katholiken, endeten oft in Gewalt.

Die spanischen Katholiken führten auch ihre eigenen Hinrichtungen in den von ihnen kontrollierten Kolonien in Nordamerika durch. Kenneth C. Davis beschreibt, wie im heutigen Bundesstaat Florida der spanische Kommandant Pedro Menéndez de Avilés an den spanischen König Philipp II. schrieb, dass er „alle, die wir in [Fort Caroline] gefunden hatten, hängen ließ, weil ... sie die abscheuliche lutherische Lehre in diesen Provinzen verbreiteten". Als Hunderte von Überlebenden einer schiffbrüchigen französischen Flotte an den Stränden Floridas angespült wurden, ließ man sie hinrichten.[xv]

Diese Feindseligkeit zwischen den einzelnen Gruppen hielt im Grunde während der gesamten Kolonialzeit an, bis die Vereinigten Staaten ihre Unabhängigkeit von Großbritannien erlangten. Zu Beginn der Republik gab es noch einige Diskriminierungen aufgrund der Religion, so dass die Gründerväter des Landes eingriffen.

Noch als Gouverneur von Virginia verfasste Thomas Jefferson 1777 einen Gesetzentwurf, der die rechtliche Gleichstellung aller Religionen garantieren sollte, auch derjenigen, die sich zu keiner Religion bekannten - für die damalige Zeit ein äußerst fortschrittlicher Erlass. Seine Worte „aber es schadet mir nicht, wenn mein Nachbar sagt, es gäbe zwanzig Götter oder keinen Gott. Es stiehlt mir weder die Tasche noch bricht es mir ein Bein", sollten in den folgenden Jahren recht berühmt werden.

Der künftige Präsident James Madison erließ als Gouverneur von Virginia ein Dekret, das den Grundstein für die Trennung von Religion und Staat legen sollte. Darin hieß es, dass die Religion eines jeden Menschen seiner Überzeugung und seinem Gewissen überlassen bleiben muss, damit er sie so ausüben kann, wie diese es ihm vorschreiben. Dieses Recht war seinem Wesen nach ein unveräußerliches Recht. In Bezug auf die staatliche Unterstützung einer bestimmten Religion argumentierte er: „Wer sieht nicht, dass dieselbe Autorität, die das Christentum unter Ausschluss aller anderen Religionen errichten kann, mit derselben Leichtigkeit jede einzelne Sekte von Christen unter Ausschluss aller anderen Sekten gründen kann?"

Madisons Behauptungen bildeten die Grundlage, auf der Thomas Jefferson sein Virginia-Gesetz zur Einführung der Religionsfreiheit von 1786 aufbaute. Madison stellte mit Genugtuung fest, dass das Gesetz den Juden, den Heiden, den Christen und den Mohammedaner, den Hindu und den Ungläubigen jeder Konfession in seinen Schutzmantel einschließen sollte.

Die Bill of Rights des neuen Landes trug ebenfalls dazu bei, religiösen Streitigkeiten ein Ende zu setzen - zumindest rechtlich gesehen -, indem Kirche und Staat getrennt wurden. Im ersten Zusatzartikel hieß es, der Kongress dürfe kein Gesetz erlassen, das die Einrichtung einer Religion betrifft oder die freie Ausübung derselben verbietet. Die Freiheit, jede beliebige Religion zu praktizieren, war in den Vereinigten Staaten formell festgeschrieben worden.

Anti-Katholische und antijüdische Tendenzen waren im neunzehnten Jahrhundert in den USA noch weit verbreitet und hielten sich bis ins zwanzigste Jahrhundert, doch waren religiöse Gleichheit und Freiheit gesetzlich vollständig abgesichert. Dies ermöglichte die Ausbreitung vieler neuer Konfessionen innerhalb des protestantischen Zweigs. Diese neuen Kirchen breiteten sich ab dem 19. Jahrhundert allmählich von Osten nach Westen und schließlich in den Süden des Kontinents aus.

Die Baptisten (die auf calvinistischen Grundsätzen beruhen) spalteten sich in mehrere Gruppen auf und sind heute unabhängig voneinander. Die Kirche Jesu Christi der Heiligen der Letzten Tage (Mormonen) wurde in den 1820er Jahren in den USA gegründet und legte ganz neue Grundsätze fest. Die amerikanischen Anhänger der Kirche von England schlossen sich zu mehreren neuen Konfessionen zusammen, die sich hauptsächlich in die Episkopalen und die Vereinigten Methodisten aufteilten. Eine weitere, recht umstrittene Glaubensgemeinschaft, die Zeugen Jehovas, auch bekannt als Wachtturm-Gesellschaft, wurde ebenfalls 1879 in Pittsburgh, Pennsylvania, gegründet. In jüngerer Zeit vereinigte die 1957 offiziell gegründete Vereinigte Kirche Christi viele historische Kongregationalisten und die Liste ließe sich beliebig fortsetzen.

Die Katholiken in den Vereinigten Staaten gewannen gegen Ende des 19. Jahrhunderts an Boden, als Millionen von Europäern aus Italien, Irland und anderen Ländern, in denen der Katholizismus noch die vorherrschende Religion war, einen langwierigen Prozess der Einwanderung nach Amerika begannen. Diese Katholisierung wurde durch den Zustrom neuerer Massen aus Lateinamerika, wo der Katholizismus seit den Tagen des spanischen Reiches die vorherrschende Religion war, noch verstärkt.

Kapitel 6 - Das Christentum von heute

Die Zeiten, in denen sich die Christen untereinander in erbitterten Kriegen mit Tausenden, wenn nicht Millionen von Toten und gefolterten Opfern bekämpften, sind weitgehend vorbei. Wir befinden uns in einer Zeit, die man als modern bezeichnen könnte, in der es keine nennenswerten Feindseligkeiten zwischen den verschiedenen Gruppen gibt. Es stellen sich jedoch neue Herausforderungen.

Fast ein Drittel der Weltbevölkerung ist heute christlich - das sind über 2,2 Milliarden Menschen aller Altersgruppen in allen Teilen der Erde. Das Christentum ist nach wie vor in drei Hauptzweige aufgeteilt, von denen jeder seine eigenen Bräuche und Traditionen hat, obwohl alle ohne Zweifel in ihrer Nachfolge von Jesus Christus und der Bibel als heiligem Text vereint sind.

In der römisch-katholischen Kirche sind etwa fünfzig Prozent der Christen der Welt versammelt, die insgesamt etwa sechzehn Prozent der Weltbevölkerung ausmachen. Sie sind unter der Führung des Papstes vereint, der seinen Sitz im Vatikan hat, einem unabhängigen Stadtstaat innerhalb der italienischen Hauptstadt Rom. Der Vatikan, auch Heiliger Stuhl genannt, ist mit einer Ausdehnung von nur 0,44 Quadratkilometern das kleinste Land der Welt.

Der zweitgrößte Zweig des Christentums fällt unter die Kategorie der Protestanten, die aus dem großen Schisma des 16. Jahrhunderts hervorgegangen ist, das von Luther und Calvin ausgelöst wurde, und somit seit über fünfhundert Jahren existiert. Sie machen etwa siebenunddreißig Prozent der christlichen Weltbevölkerung aus - etwa achthundert Millionen Menschen.

Die Lutheraner bilden nach wie vor eine große Gruppe mit hohem Wiedererkennungswert und sind hauptsächlich in Deutschland ansässig, haben aber Kirchen in der ganzen Welt, vor allem dort, wo die Nachkommen deutscher Einwanderer leben. Die Calvinisten haben sich zu mehreren Konfessionen entwickelt, die im Wesentlichen als reformierte Christen oder Protestanten bezeichnet werden. Die Hugenotten sind nach wie vor eine starke Kraft unter vielen Franzosen und sind heute in der Evangelisch-Reformierten Kirche Frankreichs zusammengeschlossen.

Wie im Abschnitt über das Christentum in den Vereinigten Staaten dargelegt, sind die modernen protestantischen Spaltungen zahlreich und reichen von den Nationalen Baptisten, den Südlichen Baptisten, den Pfingstlern und den Methodisten bis hin zu den Presbyterianern, Episkopalen, Evangelikalen und Siebenten-Tags-Adventisten. Man könnte sagen, dass es so viele Interpretationen der Lehren Jesu gibt, wie es Kategorien von protestantischen Kirchen gibt. Einige sind sich in der Lehre ähnlicher als andere, aber im Allgemeinen bringen sie so viele Nuancen zum Ausdruck, wie es Konfessionen gibt.

Nicht zuletzt machen die katholischen Ostkirchen oder die orientalisch-orthodoxen Kirchen etwa zwölf Prozent der weltweiten Christen aus. Die größte dieser östlichen Gruppen - und die zweitgrößte aller christlichen Kirchen - ist die östliche orthodoxe Kirche (offiziell als orthodoxe katholische Kirche bezeichnet) mit etwa 200 bis 260 Millionen Mitgliedern.

Jede der östlichen Kirchen wird immer noch von ihrem eigenen theologischen Oberhaupt geleitet, je nachdem, in welchem Land oder in welcher Region sie ihren Sitz hat. So hat beispielsweise die koptisch-katholische Kirche ihren Patriarchen, die russisch-orthodoxe Kirche hat ebenfalls ihr Oberhaupt, der von Moskau aus regiert, und das Ökumenische Patriarchat von Konstantinopel wird von einem unabhängigen Erzbischof geleitet. Die Liste lässt sich beliebig fortsetzen und umfasst auch Maroniten, armenische Katholiken, ruthenische Griechen und äthiopische Katholiken. Jede hat ihre eigenen Führer und Konventionen. Nahezu vierzig Prozent der orthodoxen Christen leben in Russland. Es gibt noch einen weiteren winzigen Prozentsatz von etwa einem Prozent der Christen, die keinem der drei großen Zweige angehören.

Die regionale Perspektive

Das Pew Research Center's Forum on Religion & Public Life[xvi] berichtet, dass 1910 etwa zwei Drittel der Christen in Europa lebten, wo sich seit einem Jahrtausend der Großteil der Christen aufhielt. Sie sind heute geografisch so weit verstreut, dass kein einziger Kontinent oder keine einzige Region unbestreitbar den Anspruch erheben kann, das Zentrum des globalen Christentums zu sein.[xvii]

Es gibt jedoch immer mehr Christen in Gebieten, in denen es vor weniger als hundert Jahren noch keine Christen gab, wie etwa in Afrika südlich der Sahara und im asiatisch-pazifischen Raum. Dies hat die Dynamik der christlichen Bevölkerung und der christlichen Institutionen verändert.

Entgegen der weltweiten Tendenz gibt es in den meisten dieser afrikanischen Länder südlich der Sahara mehr Protestanten - vor allem Pfingstler und Evangelikale - als Katholiken. Es gibt jedoch einige Ausnahmen. In Uganda beispielsweise ist fast die Hälfte der Gesamtbevölkerung katholisch.

Diese Region ist mehrheitlich christlich, insgesamt dreiundsechzig Prozent, so das Pew Research Center, und der Rest ist muslimisch, was zu ständigen Spannungen führt. In den letzten Jahrzehnten kam es zu einer Reihe gewaltsamer Zusammenstöße zwischen beiden religiösen Gruppen, die mehr als einmal blutig endeten. In der Studie des Pew Research Center über Islam und Christentum im Afrika südlich der Sahara aus dem Jahr 2010 heißt es, dass in acht der neunzehn untersuchten Länder mindestens drei von zehn Personen angaben, dass religiöse Konflikte in ihrem Land ein „sehr großes“ Problem darstellen.[xviii]

Das hohe Bevölkerungswachstum in diesem Teil Afrikas bringt noch eine Reihe weiterer Herausforderungen mit sich. Es wird erwartet, dass sich die christliche Bevölkerung bis zum Jahr 2050 verdoppeln wird, was bedeutet, dass es zu diesem Zeitpunkt mehr als eine Milliarde Gläubige geben wird. Sie wird einen bedeutenden Anteil an der gesamten christlichen Weltgemeinschaft ausmachen.

Die Zunahme säkularer Praktiken an vielen Orten, an denen das Christentum bis vor kurzem noch die Hauptreligion war, stellt seine gesunde Zukunft, wenn nicht sogar sein Überleben in diesen Gebieten auf die Probe. Vor allem in Westeuropa und einigen Teilen Amerikas gehen immer weniger Menschen in die Kirche, lassen ihre Kinder taufen oder halten sich an bestimmte traditionelle Grundsätze wie das Zölibat vor der Ehe, was besonders in der Altersgruppe der Millennials zu beobachten ist. Die Zahl der Scheidungen und der Paare, die zusammenleben, ohne zu heiraten, nimmt weltweit zu. Nach Angaben der in Chicago ansässigen Zeitschrift Christian Century schließen in den Vereinigten Staaten jeden Tag neun Kirchen.

Was könnte der Grund für dieses Phänomen sein? Studien zu diesem Thema zufolge gibt es mehrere Ansätze, um die Ursachen für die abnehmende christliche Vorherrschaft in den westlichen Zivilisationen zu verstehen. Zum Beispiel sind viele der sozialen Aufgaben, die normalerweise der Kirche vorbehalten sind, wie die Versorgung der Hungernden, vom Staat übernommen worden. Auch nach den beiden Weltkriegen, in denen ein hoher Prozentsatz der Bevölkerung litt oder starb, wandten sich die Menschen vom Glauben an eine höhere Macht ab.

Historisch gesehen waren fast alle traditionellen internationalen Missionsanstrengungen katholisch und kamen aus Europa, doch sind diese nun rapide rückläufig. An ihre Stelle treten nun protestantische Missionen, deren Missionsreisen zumeist von den Vereinigten Staaten ausgingen.

Das Aufkommen von Technologie und fortgeschrittenen Kenntnissen in verschiedenen wissenschaftlichen Bereichen hat ebenfalls einen Tribut an die traditionellen religiösen Überzeugungen gefordert. Obwohl viele Wissenschaftler behaupten, dass die modernen Erkenntnisse sie Gott nähergebracht haben, werden die strengen Regeln und Lehren vieler christlicher Kirchen angesichts der wissenschaftlichen Erklärungen, immer weniger befolgt. Mit einem Lebensstil, der mehr auf Freiheit und wirtschaftlichen Wohlstand ausgerichtet ist, werden viele institutionelle Normen im Allgemeinen lockerer befolgt, wenn überhaupt in einigen Fällen.

Ein weiteres Problem, mit dem einige christliche Gruppen konfrontiert sind, ist der Rückgang der Geburtenrate. Der Bevölkerungsrückgang in Europa ist besonders bemerkenswert, da das Christentum viele Jahrhunderte lang die einzige vorherrschende Religion auf dem Kontinent war. In jüngster Zeit siedeln sich immer mehr Menschen anderer Religionen auf dem Kontinent an, die eine höhere Geburtenrate aufweisen als die bereits dort lebenden Europäer. Schätzungen zufolge wird sich das religiöse Gefüge in Europa innerhalb weniger Jahrzehnte radikal verändern.

Dennoch bleibt das Christentum stark. Allerdings passen viele neue Anhänger ihre eigenen lokalen Bräuche und traditionellen Überzeugungen an ihren Glauben an und schaffen so eine neue Ära des Christentums mit eigenen Merkmalen. Die Christen in Afrika zum Beispiel haben einige der alten Traditionen ihrer ursprünglichen Religionen nicht aufgegeben. Viele glauben noch immer an die Reinkarnation, praktizieren Hexerei, setzen religiöse Heiler ein und/oder bringen ihren Ahnen Opfer dar.

In einer Zeit, in der der materielle Wohlstand, die Technologie und die Skepsis gegenüber dem Leben im Allgemeinen ständig zunehmen, hat sich das Christentum verändert. Wie bei jeder wichtigen Wende in der Menschheitsgeschichte wird sich die Religion wahrscheinlich neu ausrichten, um sich den neuen Generationen anzupassen. Die Kirchenleitungen aller Konfessionen werden sich sicherlich weiter verändern, sowohl im Stil als auch in vielen grundlegenden Fragen. Letztendlich wird das Bedürfnis nach geistlicher Antwort und moralischer Bestätigung immer vorhanden sein, und das Christentum wird die Gläubigen weiterhin veranlassen, nach den Antworten auf viele ewige Fragen zu suchen.

Schlussfolgerung

Die lange, komplexe, manchmal grausame, aber letztlich schöne Geschichte der Entwicklung des Christentums hat Tausende von Seiten gefüllt, die von allen möglichen Autoren aus vielen Ländern geschrieben wurden. Es gibt Hunderte von Büchern, die jeden einzelnen Aspekt der Lehre, der Führer, des Glaubens und des Schicksals des Christentums interpretieren. Man könnte sein ganzes Leben damit verbringen, über diese Religion zu lesen, ohne jemals das Ende der Seiten zu erreichen, die über sie geschrieben wurden. Dies gibt uns eine Vorstellung davon, dass das Studium des Christentums einen umfassenden Ansatz haben sollte.

Geschichte des Christentums: Ein fesselnder Überblick über die wichtigsten Momente des Christentums bietet nur eine kurze Zusammenfassung der Entwicklung des Christentums und stellt einige wichtige Konzepte vor, um zu erklären, wie diese Religion entstanden ist und sich entwickelt hat. Es werden auch einige historische Fakten und Umstände erwähnt, um sie in einen größeren Zusammenhang zu stellen. Das eigentliche Ziel besteht jedoch darin, den Leser dazu zu bringen, mehr über diese Geschichte zu erfahren, die sowohl viele leidenschaftliche Anhänger als auch erbitterte Gegner hat. Viele der führenden Persönlichkeiten und einfachen Menschen, die die Entwicklung des Christentums geprägt haben, wurden nicht einmal erwähnt, was ihre außergewöhnlichen Leistungen jedoch nicht schmälert. Die Liste ist einfach zu lang.

Allein wenn man die Biografien der offiziellen Heiligen liest, kann man herausragende Kapitel in der christlichen Welt entdecken. Einige von ihnen werden nur von katholischen, protestantischen oder orthodoxen Anhängern verehrt, doch andere sind so herausragend, dass sie von allen christlichen Konfessionen verehrt werden.

Nehmen wir zum Beispiel das Leben und die philosophischen Schriften des italienischen Mönchs Thomas von Aquin aus dem 13. Jahrhundert oder die epische Sage vom heiligen Georg, dem griechischen Märtyrer aus Kappadokien, die sich auf die berühmte Legende vom Drachentöter bezieht. Die Biografien dieser Kirchenführer sind großartig und voller faszinierender Fakten über ihre Zeit und ihr Wirken im Christentum.

Es gibt auch ehrfurchtgebietende weibliche Heilige mit fesselnden Geschichten. Die heilige Ursula war eine tapfere Jungfrau, die die schwierige Entscheidung traf, zusammen mit Tausenden anderer weiblicher Gefährten zu sterben, bevor sie im Jahr 393 n. Chr. von einer Hunnenhorde entführt wurde. Eine andere Heilige, Angela de Merici, wählte diese ergreifende Geschichte Ursulas, um ihr bahnbrechendes Projekt der Frauenbildung zu benennen - etwas, das im 16. Jahrhundert weitgehend unbekannt war - und gründete so 1535 die zukunftsorientierte Gesellschaft der Heiligen Ursula. Und was könnte faszinierender sein, als über eine Frau zu lesen, die zu einer der berühmtesten Schriftstellerinnen ihrer Zeit wurde, die sogar Gedichte erotischen Inhalts verfasste, und das ausgerechnet im Spanien des 16. Jahrhunderts? Diese avantgardistische Heilige ist keine andere als Teresa von Ávila, auch bekannt als die heilige Teresa von Jesus.

Dies sind nur einige der vielen ebenso faszinierenden Beispiele für den Reichtum der Geschichte des Christentums. Wir hoffen, dass dieses Buch die Neugier der Leserinnen und Leser weckt, mehr über diese beeindruckende Geschichte der Menschheit zu erfahren und zu lesen.

Teil 2: Die Könige Israels und Judas

Ein fesselnder Führer zum alten Königreich Davids und Salomos, der geteilten Monarchie und der assyrischen und babylonischen Eroberungen von Samaria und Jerusalem

Einleitung

Die Geschichte der alten Königreiche Israel und Juda und ihrer Könige handelt von epischen Helden und ihren Gegenspielern. David war der von Gott auserwählte Retter, der einst gegen Riesen kämpfte. Die Erzählungen von seinen Heldentaten sind so beeindruckend, dass er die größten Künstler der Welt zu eindrucksvollen Skulpturen und Gemälden inspirierte. Salomo gilt als der Verfasser vieler bekannter Sprichwörter, die wir heute noch verwenden. Den alten Quellen zufolge war er mit siebzig ausländischen Prinzessinnen verheiratet. Zu den Protagonisten dieses Buches gehören außerdem berühmte Herrscher der alten Welt, wie etwa die Königin von Saba und Nebukadnezar von Babylon.

Sie erfahren mehr darüber, wie David die Nation einte, aber auch von seinem dunklen Geheimnis und dessen schrecklichen Folgen. Lernen Sie alles über das goldene Zeitalter während der Herrschaft Salomos, den Bau seines Tempels und die legendäre Bundeslade - erfahren Sie dabei auch, wie rücksichtslos er gegen Ende seiner Herrschaft mit seinen Untertanen umging. Darüber hinaus erfahren Sie, wie es zu den Konflikten zwischen den israelitischen Stämmen kam, warum sich das jüdische Reich in zwei Teile gespalten hatte und wie die beiden uneinigen Königreiche in die Hände der mächtigen Reiche von Ägypten und Babylon fielen.

Es gibt zwei Möglichkeiten, die Geschichte der alten israelitischen Reiche wirklich zu verstehen. Wir können uns entweder ganz auf die Schriften in der Bibel verlassen oder wir können versuchen, uns ausschließlich an unbestrittene archäologische Funde zu halten.

Hier sind die drei wichtigsten Gründe, warum wir uns für die Zwecke dieses Buch für die biblische Version der Geschichte entschieden haben:

– Mythen und Legenden (insbesondere nationale Mythen damals großer Königreiche und Imperien, wie die Geschichten von der Gründung Roms oder die Erzählung von Davids Triumph über Goliath) waren schon immer ein wichtiger Bestandteil der antiken Geschichte.

– Ob strittig oder nicht, diese Geschichten sind zur Grundlage der westlichen Weltanschauung geworden, und als solche beeinflussen sie noch heute regelmäßig die aktuelle Politik und die Geschichte von morgen.

– Biblische Erzählungen sind viel interessanter als trockene Fakten. Archäologische Entdeckungen helfen uns bei der Chronologie der Geschehnisse und mit historischen Daten, aber die Bibel erzählt Geschichten mit deutlich mehr Substanz.

Unser Wissen über die prähistorische Welt stützt sich oft auf Legenden. So ist zum Beispiel Homer (der selbst als eine zwielichtige Gestalt galt) unsere wichtigste Informationsquelle für historische Daten über die griechische Invasion von Troja. Auch für die Geschichte des jüdischen Volkes am Ende des zweiten und zu Beginn des ersten Jahrtausends v. Chr. gibt es kaum archäologische Belege. Wenn wir die damaligen Menschen, ihre Motive und ihre Anliegen besser verstehen wollen, müssen wir uns auf die Geschichten verlassen, die aus ihrer eigenen mündlichen Originalüberlieferung stammen, bis sie Jahrhunderte später von den Deuteronomisten niedergeschrieben wurden. Das sind die Daten, die im Alten Testament und der Hebräischen Bibel beschrieben werden.[xix]

Dieses Buch umfasst eine Zeitspanne von etwa einem halben Jahrtausend. Die ersten beiden Kapitel, die Israels Übergang von der Stammesherrschaft zu einer zentralisierten Monarchie abdecken, erzählen die Geschichten der Menschen und Ereignisse, die ursprünglich in den beiden Büchern von Samuel (Sam. 1 und 2) beschrieben wurden. Der Rest des Buches folgt dem Handlungsstrang der beiden Bücher der Könige (Könige 1 und 2).

Wann immer es möglich ist, werden die Ereignisse aus heutiger Sicht erklärt, losgelöst von jedem religiösen Kontext und unter Berücksichtigung einiger neuerer archäologischer Funde. Da jedoch die Religion im Leben der alten Israeliten eine zentrale Rolle spielte, war die Legitimität ihrer Könige zwangsläufig sehr eng mit ihrer besonderen, oft persönlichen Beziehung zu Gott verbunden (in der Tat werden alle Ereignisse, Entscheidungen, Ursachen und Folgen in der biblischen Erzählung aus diesem Blickwinkel erklärt).

Ungeachtet dieser Unterschiede in der Verfügbarkeit und Qualität der Quellen, die uns für die verschiedenen Epochen zur Verfügung stehen, ist es die Absicht dieses Buches, Ihnen eine klare, leicht verständliche Übersicht der historischen Ereignisse zu geben. Dabei soll dieses Buch in erster Linie die interessantesten Fakten und Geschichten über diese legendäre historische Welt und deren Protagonisten zusammenzufassen.

Kapitel 1 - Die letzten Richter

Es war schon etwas Zeit vergangen, seit Jakob (Israel)[xx] und seine Söhne Kanaan verlassen hatten (etwa 17.-16. Jahrhundert v. Chr.) und in Ägypten in die Sklaverei geraten waren. Viel später, im 13. Jahrhundert, kehrten ihre Nachkommen unter der Führung von Mose und Josua in das Gelobte Land zurück, dass sie damals Kanaan nannten.[xxi] Die zwölf hebräischen Stämme ließen sich dort nieder und nannten ihr Reich Israel.[xxii] Diese Stämme waren jedoch nicht untereinander geeint, und sie brauchten einen starken Führer, der sie zusammenbringen konnte.

Bis zu diesem Zeitpunkt war dies die Aufgabe der sogenannten Richter gewesen, die den größten Einfluss auf das Volk von Israel hatten und dort die wichtigsten Entscheidungen trafen. Diese Richter waren oft militärische und religiöse Anführer, Priester und Propheten, galten aber nicht als Monarchen. Ihre Autorität wurde oft von mehr als einem Stamm anerkannt, aber sie reichte nicht aus, um alle Stämme zu vereinen.

Die Juden hatten schon immer in einer unfreundlichen Umgebung gelebt, und nun waren sie von den Stadtstaaten der Philister und anderen, ebenso feindlichen Königreichen umgeben. Die zersplitterten Stämme waren nicht dazu in der Lage, solchen Kräften zu widerstehen. Das israelische Volk brauchte einen König, der es zum Sieg führen konnte.

Samuel und die Priester

Der Mann, der laut der Aufzeichnungen der Israeliten die ausreichende Autorität hatte, um den künftigen König zu ernennen, war Israels letzter Richter Samuel. Als militärischer Anführer und Prophet Gottes war Samuel eine enorm wichtige Figur im religiösen und politischen Leben Israels - genauso wichtig wie die Könige, die er anerkannte, Saul und David.

In den heiligen Texten der drei großen Religionen - Judentum, Christentum und Islam - wird Samuel als einer der wichtigsten Propheten der Geschichte anerkannt. Seine Geburt durch eine zuvor unfruchtbare Mutter wurde als Wunder beschrieben, woraufhin sie ihn dem Dienste Gottes widmete.

Samuel verbrachte seine Jugend in den Zelten eines Priesters namens Eli, der für die heilige Stiftshütte (von Gott anerkanntes „Zelt der Zusammenkunft") zuständig war, und seiner Söhne, die ebenfalls priesterliche Ämter innehatten. Diese Männer waren jedoch „böse". Elis Söhne hatten die Angewohnheit, die für Gott bestimmten Opfer zu stehlen und zu essen, und sie hatten Sex mit verschiedenen Frauen am Eingang der Stiftshütte. Obwohl Eli von den Taten seiner Söhne enttäuscht war, gestattete er es ihnen, ihre Positionen zu behalten und aß ebenfalls von den gestohlenen Opfern. Eines Nachts teilte Gott dem jungen Samuel mit, dass Elis Dynastie dem Untergang geweiht sei.

Die Bundeslade

Die Stiftshütte war ein mobiles Heiligtum, in dem die bedeutendste Reliquie aufbewahrt wurde, die den Israeliten nach Ansicht der Deuteronomisten dabei geholfen hatte, entscheidende Schlachten, wie etwa die Schlacht bei Jericho, zu gewinnen. Dieses Relikt war die sogenannte Bundeslade, eine mit Gold überzogene Holztruhe, die die beiden Steintafeln mit den Zehn Geboten enthielt. Diese Lade war mehr als nur ein Relikt; sie war das Symbol der Gegenwart Gottes inmitten seines Volkes. In kritischen Momenten hatten die Israeliten die Lade immer in ihrer Nähe und glaubten, dass sie sie im Krieg unbesiegbar machen konnte.

Gegen Ende der Amtszeit von Eli als Hüter der Stiftshütte erlitt Israel eine schwere Niederlage gegen die Philister. Die Lage war ernst; die Israeliten mussten schnell etwas unternehmen. Also beschlossen sie, die Bundeslade mit in die nächste Schlacht zu tragen.[xxiii]

Die Philister waren ein wenig schockiert, als sie hörten, dass „ein Gott in ihr Lager gekommen sei!" Trotzdem schlugen sie die Israeliten vernichtend, plünderten ihr Lager und nahmen die Bundeslade an sich. Zweifellos empfanden sie dies als entscheidenden Triumpf, doch schon bald erlebten sie eine unschöne Überraschung.

Eli war von der Nachricht so erschüttert, dass er starb. Die Frau einer seiner Söhne starb ebenfalls, und zwar aufgrund vorzeitiger Wehen. Ihr Sohn erhielt den Namen Ichabod, was so viel wie „ohne Ruhm" bedeutet. Ohne die Bundeslade und mit dem Tod des religiösen Führers war Israel gebrochen.

Dagon, die Philister und die Bundeslade

Pentapolis, die Allianz der fünf philistischen Stadtstaaten, war keine zentralisierte Macht. Es bestand aus fünf verschiedenen Städten, und jede von ihnen hatte einen König und einen eigenen Haupttempel, der einem der kanaanitischen Götter geweiht war.[xxiv] Die mächtigste Stadt der Philister war zu dieser Zeit Aschdod (zu den anderen Städten gehörten Ekron, Gaza, Gat und Aschkelon). Die Lade wurde dorthin gebracht und in den Tempel von Dagon, dem kanaanitischen Getreidegott, gebracht.

Die Philister glaubten sich siegreich. Sie hatten die Bundeslade, und das bedeutete, dass ihr Gott Dagon den Gott Israels besiegte. Doch der Jubel währte nicht lange. Am nächsten Morgen, so heißt es im Alten Testament, sah Dagons Priester ein beunruhigendes Bild: Dagons Statue lag mit dem Gesicht nach unten vor der Bundeslade. Verwirrt stellten die Philister das Götzenbild wieder in die senkrechte Position. Am nächsten Tag war es noch schlimmer. Dagon lag nicht nur am Boden, sondern sein Kopf und seine Hände waren gebrochen und vom Rumpf getrennt. Die Bürger von Aschdod waren von der Macht des israelitischen Gottes wie versteinert, denn nur so konnten sie sich den wiederholten Fall der Statue erklären. Auch das Leiden des Volkes und der Menschen die von Tumoren oder Hämorrhoiden gequält wurden, wurde dem Zorn Gottes zugeschrieben.[xxv]

Krank und verängstigt schenkten die Bürger von Aschdod die Lade den Bewohnern von Gat, denen schließlich das gleiche Schicksal widerfuhr. Die Bürger von Gat boten die Bundeslade ihren Nachbarn in Ekron an, doch diese lehnten das Geschenk klugerweise ab. Daraufhin luden die Philister das Relikt der Israeliten auf einen Wagen, der von zwei Kühen gezogen wurde, und schickten es an seine rechtmäßigen Besitzer zurück.

Kapitel 2 - Gib uns einen König

Eli und seine Söhne waren tot, und so wurde Samuel zum religiösen und politischen Oberhaupt Israels. Er war dadurch auch für die Stiftshütte zuständig und erfüllte alle seine Aufgaben jahrelang auf wunderbare Weise. Doch genau wie Elis Söhne wurden auch seine eigenen Söhne korrupt, und das Volk Israel wollte nicht, dass sie zu Samuels Nachfolgern wurden. Vielmehr wünschten sie sich einen herrschenden König und wollten in diesem Sinne so sein wie alle anderen Völker auch.

Samuel lehnte den Vorschlag ab, er wollte keinen König ernennen, da dies für ihn bedeutet hätte, dass er Gott und sich selbst als Gottes Diener hätte verleugnen müssen. Der Bibel zufolge riet Gott ihm jedoch, trotz seiner Zweifel „auf die Stimme des Volkes zu hören.“[xxvi] Bevor er eine große Wende in der Geschichte Israels einleitete, gab Samuel dem Volk eine letzte Warnung. Im Wesentlichen sagte er dem Volk, dass seine Söhne in der königlichen Armee dienen müssten, seine Töchter im königlichen Harem landen würden und alle anderen an den Bauprojekten des Königs arbeiten würden. Aber das Volk kümmerte sich nicht um diese Warnungen. Sie wollten eine geeinte Nation mit einem starken Führer sein, der ihnen den Sieg über ihre Feinde bringen konnte.

Der Aufstieg des König Saul

Das erste Buch Samuel (1 Sam.) umfasst zwei verschiedene Berichte darüber, wie Saul zum ersten König Israels gewählt wurde. Laut der ersten Erzählung riet Gott Samuel, dass ein auserwählter junger Mann zu seinem Zelt kommen und ihn über die verlorenen Esel seines Vaters fragen würde. In der zweiten Variante heißt es, dass der König durch den Wurf eines heiligen Würfels ausgewählt wurde.

Wie er auch an die Macht gekommen sein mag, die Menschen mochten Saul. Sie waren froh, einen so großen, gutaussehenden und fähigen König zu haben.[xxvii] Seine Herrschaft war anfangs sehr erfolgreich, da er die meisten Feinde Israels erfolgreich vernichtete. Doch sein Triumph währte nicht lange.

Der Anfang vom Ende für Saul

Sehr bald nach der Krönung verlor König Saul die Gunst Gottes (in Wirklichkeit war es vielleicht auch die Gunst Samuels). Auch dazu gibt es zwei Geschichten. Die erste besagt, dass Saul nicht die ausreichende Geduld hatte, auf Samuel zu warten, um Gott nach einer Schlacht ein Opfer darzubringen, also tat er es selbst. In der zweiten Geschichte wird berichtet, dass der König den Befehl Gottes (durch Samuel) nicht befolgte. Er sollte alle Amalekiter töten, aber Saul verschonte das Leben ihres Königs, Agog, und behielt einige ihrer Rinder.

Als Samuel sich näherte und den König ausschimpfte, erfand Saul Ausreden und log dreimal. Zuerst behauptete er, er habe alles getan, was der Herr verlangt hatte. Dann sagte er, nicht er, sondern die Soldaten hätten das Vieh an sich genommen. Schließlich erklärte er, das Vieh sei zum Opfern verschont worden. Der Bibel zufolge verlor Saul durch seinen Ungehorsam schließlich die Krone.[xxviii]

Wir können nicht mit Sicherheit sagen, was hier wirklich passiert ist, aber diese Geschichte vermittelt uns etwas Entscheidendes über die damalige Gesellschaft: der Hauptunterschied zwischen dem Volk Israel und den umliegenden Völkern lag in ihrer Religion und ihrer Ethik. Für sie waren rituelle Handlungen, wie z. B. das Opfern, nicht so wichtig, wie das „richtige“ Handeln der Menschen im Sinne Gottes. Die Propheten Israels, darunter auch Samuel, wiederholten immer wieder, dass das Befolgen von Gottes Anweisungen von allergrößter Wichtigkeit war.

Saul jedoch versuchte, seinen guten Namen bei seinem Volk zu retten, und bat Samuel darum, ihn öffentlich zu ehren - was er auch tat, gleich nachdem er (Samuel) den Amalekiter-König persönlich getötet hatte.

Kapitel 3 - Ein Junge aus Bethlehem

Saul war immer noch König, aber Gott sagte zu Samuel, dass es an der Zeit sei, einen neuen König zu finden. Der ruhelose Prophet folgte den Anweisungen Gottes und ging in ein kleines Dorf namens Bethlehem. Dort suchte er nach einem Mann namens Isai, weil Gott einen seiner Söhne zum nächsten König Israels bestimmt hatte.

Samuel war beeindruckt vom Aussehen von Isais ältestem Sohn, der sehr groß, stark und vorzeigbar war, aber Gott mahnte ihn und betonte, dass es nicht darauf ankäme, wie ein Mensch aussah. Dieser junge Mann war nicht der Richtige. Samuel wurden andere Söhne gezeigt, aber keiner von ihnen wurde als nächster König erkannt. Es stellte sich heraus, dass es noch einen Sohn gab, den jüngsten, der die Schafe hütete. Samuel sah den Jungen und salbte ihn auf der Stelle. David war der Auserwählte. Das bedeutete jedoch nicht, dass er sofort König werden konnte.

Leider ist die einzige Quelle über das Leben und die Herrschaft von König David die Bibel. Verschiedene archäologische Funde, wie z. B. eine fragmentarische Inschrift auf der Stele von Tel Dan, in der das „Haus Davids" erwähnt wird, zeigen uns jedoch, dass es tatsächlich einen Herrscher namens David gegeben hat.[xxix]

Die Leier des David

David blieb in Bethlehem, und Saul hatte nicht die leiseste Ahnung davon, was dort geschehen. Doch durch eine ironische Wendung lernte der König den Jungen kennen und beschloss, ihn in seiner Nähe zu behalten. Im Folgenden erfahren Sie mehr dazu, wie dies geschah.

Saul wurde von einem „bösen Geist“ gequält und konnte die Plagen nicht besänftigen. Auf der Suche nach Erleichterung bat er um einen Musiker, um den inneren Peiniger zu besänftigen - und man schickte ihm einen großartigen Musiker, einen Hirtenjungen, der wunderbar auf der Leier spielte. Die Idee funktionierte, und Saul schien von dem Zorn des bösen Geistes geheilt zu sein. Aus Dankbarkeit beförderte der König den Jungen und machte ihn zu seinem Waffenträger. Dieser Junge war natürlich der gesalbte jüngste Sohn, namens David.[xxx]

Davids musikalische Begabung - und Gottes Wille, wie es im Alten Testament heißt - brachten ihn aus der Anonymität heraus und schließlich zu Ruhm. Dies war aber nur der Anfang, denn die Leier war nicht seine einzige Waffe.

Den Riesen erschlagen

David kehrte nach Bethlehem zurück, und sein Vater schickte ihn aus dem Haus, um nach seinen Brüdern zu sehen, die im Heer Israels dienten. Als er im Heerlager ankam, musste er feststellen, dass etwas Unglaubliches vor sich ging.

Mitten in einer weiteren Schlacht gegen die Philister hatten die Kämpfe aufgehört. Die Philister hatten angeboten, die Vorherrschaft Israels zu akzeptieren und sich unter einer winzigen Bedingung versklaven zu lassen. Sie verlangten, dass jemand aus der israelitischen Armee gegen ihren besten Krieger kämpfte und diesen besiegte.[xxxi]

Der philistische Soldat hieß Goliath und war laut den historischen Dokumenten (griechisches Altes Testament und hebräische Bibel) etwa 1,80 m groß.

Als David im Lager der Israeliten ankam, waren vierzig Tage vergangen, seit Goliath begonnen hatte, Israels Armee, ihre Nation und ihren Gott zu verspotten und zu verhöhnen.

Saul hatte alles versucht. Er hatte sogar versprochen, dass er jeden, der es wagen würde, gegen Goliath zu kämpfen, mit einem hohen Preis belohnen würde - natürlich nur dann, wenn er den Sieg davontrug. Der garantierte Preis bestand in der Heirat mit der Königstochter, in Reichtum und sogar in einer Steuererleichterung. Doch in vierzig Tagen hatte niemand den Mut aufgebracht, gegen Goliath anzutreten.

Als David ankam, war er schockiert, dass niemand den Mut gehabt hatte, sich gegen diesen Tyrannen zu wehren. Für ihn ging es nicht um körperliche Stärke, sondern um das Vertrauen des Einzelnen in Gott. David war zuversichtlich, dass Gott ihm helfen würde, und er fragte Saul, ob er diese Herausforderung annehmen könne. Saul bewunderte die Entschlossenheit des Jungen und bot ihm seine königliche Rüstung an (die schließlich sowieso ihm gehören sollte). Aber David war zu klein und konnte die Rüstung nicht tragen, also beschloss er, ohne sie zu kämpfen.

Michelangelos David (Detailaufnahme)[xxxii]

David war aber nicht völlig unbewaffnet. Er hatte seine Schleuder - die er schon oft benutzt hatte, um Raubtiere abzuwehren und die Schafe seines Vaters zu schützen - und ein paar Steine dabei.

Goliath war verwirrt und ein wenig beleidigt, als der Junge nur mit einer Schleuder bewaffnet auf ihn zukam. David versprach, dem Riesen im Namen des Herrn zu trotzen, schleuderte einen Stein mit seiner Schleuder und traf den Erzfeind an der Stirn. Der Riese verlor das Bewusstsein und stürzte zu Boden. David nutzte die Gelegenheit, um Goliaths riesiges Schwert zu ergreifen und ihm den Kopf abzuschlagen.

Die Philister begannen, um ihr Leben zu rennen, und die Israeliten verfolgten sie. David ging zur Stiftshütte und legte Goliaths Schwert dort als Beweis dafür ab, dass es Gott war, der den Riesen getötet hatte. Zu diesem Zeitpunkt wusste David wahrscheinlich noch nicht, dass er dieses Schwert eines Tages erneut benutzen sollte.

Heute versuchen einige Theoretiker zu beweisen, dass Goliath an einer Krankheit namens Akromegalie oder Gigantismus litt, die zur Erblindung führen kann; dies könnte in gewisser Weise erklären, warum David einen Riesenkrieger so leicht besiegen konnte. Der biblische Bericht, unsere Hauptinformationsquelle in diesem Buch, erwähnt jedoch nichts zu der Möglichkeit, dass der philistische Riese in irgendeiner Weise behindert gewesen sein könnte.[xxxiii]

Kapitel 4 - Saul hat einen Rivalen

David wurde beim Volk Israel wahnsinnig beliebt. Als er immer mehr Anhänger gewann, begann König Saul sich unsicher zu fühlen. Er war nicht mehr bereit, seine Tochter mit David zu verheiraten. Vielmehr hätte er ihn lieber tot gesehen. Als der König eines Tages bemerkte, dass David friedlich auf seiner Leier spielte, warf er seinen Speer nach dem jungen Mann, traf ihn aber nicht. Dies war nur der erste von vielen Versuchen Sauls, diesen charismatischen Teenager loszuwerden.

Der nächste Versuch war weitaus gerissener. Der König sagte David, er könne seine Tochter Michal heiraten, aber er müsse erst beweisen, dass er sie verdiene. Der „Brautpreis", den David zahlen sollte, bestand aus hundert philistischen Vorhäuten. Saul hoffte offenbar, dass David bei dem Versuch, diese Vorhäute zu bekommen, sterben würde. Der junge Mann kehrte jedoch mit zweihundert Vorhäuten zurück, woraufhin Saul keine andere Wahl hatte, als David zu erlauben, Michal zu heiraten.

Saul wollte David töten, aber seine Versuche schlugen jedes Mal fehl. David war nicht nur sehr wachsam, sondern auch der Liebling aller. Sauls eigene Kinder, Michal und Jonatan, beschützten ihn und halfen ihm, einer Reihe von Fallen zu entgehen, die sich der König ausgedacht hatte.

David hingegen wollte Saul nicht verletzen. Einmal kam er Saul ganz leise sehr nahe und schnitt ihm ein Stück seiner Kleidung ab, nur um zu beweisen, dass er den König leicht töten könnte, wenn er gewollt hätte. Er respektierte Saul immer noch als den von Gott auserwählten König, deshalb wollte er den von Gott Gesalbten nicht töten.[xxxiv]

Saul behauptete, er bedauere seinen Versuch, David zu töten, aber er versuchte es entgegen seiner Behauptung danach noch mehrmals. Dieses Mal war er jedoch entschlossener als je zuvor. David und einige Männer, die sich ihm angeschlossen hatten, mussten fliehen, um nicht massakriert zu werden. Sie gingen zur Stiftshütte, wo die Priester ihm zu essen gaben. David nahm auch das Schwert von Goliath an sich, das dort auf ihn gewartet hatte. Saul erfuhr von all dem zu spät. Da er David, der bereits geflohen war, nicht töten konnte, befahl der König seinen Wachen, stattdessen die Priester zu töten. Kein Israelit war dazu bereit, die Hand gegen einen Priester zu erheben, aber ein edomitischer Söldner gehorchte gerne. Nur einem Priester namens Abjatar gelang die Flucht, und er schloss sich David an.

Der Geächtete

In der Zwischenzeit gelang es David ein weiteres Mal, das Leben des Königs zu retten, der mehrfach versucht hatte, David zu töten. Saul wusste, dass David ihn gerettet hatte. Er behauptete erneut, dass er David vergebe, und tat sogar so, als seien sie beide Teil einer Familie (schließlich war David mit der Tochter des Königs verheiratet). Trotzdem nutzte Saul jede Gelegenheit, um erneut zu versuchen, seinen Schwiegersohn zu ermorden. Saul wollte David und seine Männer nicht offiziell verbannen, er schloss sie aber so gut es ging aus dem Gesetz und dem ganzen politischen System aus. Um zu überleben, mussten sie unkonventionelle Arbeit finden, sie mussten z. B. von den Reichen Geld für den Schutz ihrer Herden verlangen. Ein reicher Mann namens Nabal („Narr“) weigerte sich zu zahlen, und David war entschlossen, ihn zu töten, aber die Frau des Mannes, Abigail, hielt ihn davon ab und erklärte ihm, ihr Mann sei ein betrunkener Narr. Der Narr fand schließlich heraus, was geschehen war, und starb an einem Anfall. David heiratete daraufhin seine kluge und schöne Frau.[xxxv]

Der zukünftige König war rastlos auf der Flucht. Das Gebiet der Philister war der einzige Ort, an dem Saul David nicht töten konnte, und so lebten er und seine Männer mehr als ein Jahr lang bei den Philistern und dienten als Söldner. Eine Zeit lang funktionierte das gut, aber schließlich begannen die Philister, Davids Loyalität in Frage zu stellen.

David schaffte es noch immer ausdauernd, auch unter schwierigsten Bedingungen das Richtige zu tun. Als die Philister ihn und seine Männer zu einem Überfall nach Israel schickten, plünderten sie stattdessen einen anderen Ort und behaupteten, die Kriegsbeute stamme aus Israel. Die nächste derartige Aufforderung war komplizierter, denn man erwartete von David, dass er Israel als Teil eines gemeinsamen Großangriffes vor den wachsamen Augen der Philister angriff. Doch einige der Philisterkönige trauten dem Israeliten nicht und wollten seine Teilnahme an dem Angriff verhindern. Sie machten sich Sorgen, dass er mitten im Krieg die Seiten wechseln und zu einer gefährlichen Bedrohung werden könnte. David war damit außer Gefahr; sein Volk Israel und sein König waren es jedoch nicht.

Der Tod von Saul

Die entscheidende Schlacht stand kurz bevor, und Saul wollte wissen, ob Gott ihn im Kampfe unterstützen würde. Leider war Samuel gerade gestorben, und so war Saul gezwungen, in der antiken Stadt Endor ein Medium aufzusuchen, und zwar in einer Verkleidung, denn es war offiziell verboten, Kontakt mit den Toten aufzunehmen. Das Medium rief Samuel herbei, der nicht gerne in seiner Totenruhe gestört wurde. Der tote Prophet sagte dem König, er werde ihn und seine Söhne am nächsten Tag im Himmel treffen.

Am nächsten Tag verwüsteten die Philister die Israeliten in einer der blutigsten Schlachten der biblischen Geschichte. Die meisten von Sauls Söhnen wurden getötet, darunter auch der Kronprinz und Davids guter Freund Jonatan. Der König hatte eine tödliche Wunde erlitten, blieb aber am Leben. Niemand wagte es, ihn zu töten, und so stürzte er sich selbst auf sein Schwert, um nicht von den Philistern gefangen genommen und gefoltert zu werden. Am Ende ergriffen die Philister seinen Kopf und seine Rüstung und brachten sie in den Tempel ihres Gottes.

Innerhalb kurzer Zeit verlor das Volk Israel alle seine Anführer - König Saul, seine Söhne und den letzten Richter, Samuel. Es war ein kritischer Moment in der Geschichte des Israelischen Volkes. Und nun hing alles davon ab, was als Nächstes geschah.

Kapitel 5 - König David

David trauerte um den Tod von Saul, aber er fühlte sich vor allem von dem Tod von dessen Sohn Jonatan persönlich getroffen. Seine Freundschaft mit Jonathan bedeutete ihm mehr als die Liebe zu den Frauen, so die antike Quelle.[xxxvi] Doch David musste sich trotz seiner Trauer seinen Platz auf dem Thron sichern - und er musste schnell handeln.

In der Zwischenzeit erklärten die Stämme im Norden (die einige Jahrzehnte später das eigenständige Königreich Israel bilden sollten, während die südlichen Stämme das Königreich Juda bilden sollten) Ischbaal oder Isboseth zu ihrem König. Ischbaal war Sauls Sohn, und wahrscheinlich der letzte Überlebende, wenn auch nicht derjenige, den Saul als künftigen Führer seines Volkes ursprünglich im Sinn hatte.

David bekommt Sauls Amulett

David wurde von einem Mann aufgesucht und über den Tod Sauls informiert. Der Mann brachte ihm außerdem die königlichen Artefakte – Sauls Amulett und die Krone von Israel. Der Bote hoffte, David würde ihn für seine „Gefälligkeiten" belohnen, zu denen angeblich auch die Tötung des tödlich verwundeten Königs Saul gehörte, der darum bettelte, dass jemand sein Elend beendete, damit er nicht vom Feind gefangen genommen konnte.

David war nicht beeindruckt. Er war sogar entsetzt über die Prahlerei des Mannes und davon, dass er Saul getötet hatte. Einen

König Israels, einen „von Gott Gesalbten“, zu töten, das war ein schreckliches Verbrechen, das David nicht dulden konnte. Statt einer Belohnung erhielt der Mann das Todesurteil.

Bald darauf wollte ein General namens Abner, der unter Ischbaal im Norden gedient hatte, David unterstützen und die Seiten wechseln, wobei er einen großen Teil von Ischbaals Truppen mitnahm. Doch General Joab, der unter David gedient hatte, traute Abner nicht und tötete ihn.

Daraufhin kamen zwei Soldaten auf die Idee, Ischbaal zu töten, ebenfalls mit der Absicht, von David belohnt zu werden. Sie schlichen sich nachts in Ischbaals Zimmer, töteten ihn und brachten seinen Kopf zu David. Doch David mochte grundsätzlich keine Verräter - auch nicht solche, die seine Feinde verrieten. Genau wie der Mann, der angeblich Saul getötet hatte, wurden auch diese beiden Soldaten wegen Verrats hingerichtet.

Der König des vereinigten Israels und Judas

Schließlich ergab es sich, dass David durch all diese Verschwörungsversuche zum König von ganz Israel - sowohl der nördlichen Stämme als auch von Juda gewählt wurde. Nun musste er einige wichtige Änderungen an der Organisation des Königreichs vornehmen. Die Hauptstadt von Saul war Hebron in Juda. David wählte aber eine andere Stadt als seinen Sitz: Jerusalem. Zu diesem Zeitpunkt war Jerusalem eine neutrale Wahl. Die Stadt lag zwischen dem Norden und Juda und gehörte zu keinem der beiden Stämme. Auf diese Weise gelang es David schließlich, die Stämme wirksam zu vereinen.

Anschließend musste er außerdem auch die Priesterschaft vereinen. Zwei verschiedene Gruppen und ihre Anführer, Abjatar und Zadok - der eine stammte von Mose ab, der andere von Aaron (dem Bruder von Mose und Hohepriester Israels zur Zeit des Exodus) - erhoben Anspruch auf das Amt des Hohepriesters von Israel. Um alle zufrieden zu stellen, ernannte David beide Führer zum Hohepriester, sie sollten sich das Amt teilen.

Umzug der Bundeslade

Nachdem er nun die neue Hauptstadt gegründet hatte, wollte David endlich auch die heilige Stiftshütte und die Bundeslade nach Jerusalem bringen.

Mehrere Anekdoten werden mit der Überführung der Reliquie nach Jerusalem in Verbindung gebracht. Mindestens ein Mann wurde während der Prozession erschlagen, weil er nach der Bundeslade griff.[xxxvii] Die Verlegung wurde verschoben und erst drei Monate später wieder aufgenommen. Es wurde eine neue Prozession mit Musik, Tanz und auch etwas Nacktheit organisiert.

In Jerusalem tanzte David mit entblößtem Geschlechtsteil vor der Bundeslade. Auf die Überführung folgte ein Fest, und alle waren fröhlich - bis auf Davids Frau Michal. Sie war nicht glücklich darüber, dass ihr Mann - und der König von Israel - sich vor der Menge „wie ein gemeiner und vulgärer Mensch" entblößte. David nahm ihr die Kritik jedoch übel und wies sie zurecht. Da sie sich so sehr über die Nacktheit ihres Mannes aufregte, erklärte er, dass er sich nie wieder vor ihr entblößen würde. Infolgedessen blieb Michal kinderlos.[xxxviii]

Dem Alten Testament zur Folge, wollte David einen Tempel bauen, in dem die Bundeslade aufbewahrt werden sollte, aber Gott war dagegen.[xxxix] Die Hände des Königs waren bereits zu blutbefleckt, um das heilige Gebäude zu bauen. Gott erlaubte ihm den Bau des Tempels nicht, er freute sich aber trotzdem im Allgemeinen über Davids fromme Absichten und versprach ihm, dass seine Dynastie ewig bestehen würde.

Kapitel 6 - Davids Untergang

David war auf dem Höhepunkt seiner Macht. Er hatte gerade das Unvorstellbare geschafft - ein wirklich geeintes israelisches Königreich unter seiner Führung zu errichten und einen ewigen Bund und eine lange, gottesgesegnete Herrschaft zugestanden zu bekommen. Außerdem hatte er Israel zu einem Sieg verholfen, indem er viele seiner langjährigen Feinde besiegte. Von solchen Höhen konnte es nur noch abwärts gehen. Und so geht es in diesem Kapitel um den Untergang des Königs David und das Schicksal seiner Familie.

Frühlingshafte Versuchung

Der Frühling war damals die Zeit, zu der „Könige in den Krieg ziehen."[xl] Aber David hatte keine Lust zu kämpfen, und so beschloss er, stattdessen in Jerusalem zu bleiben, während seine Armee unter dem Kommando von General Joab gegen die Ammoniter kämpfte.

Der König genoss seine Freizeit und ging manchmal auf dem Dach seines Palastes spazieren. Bei einem solchen Spaziergang bot sich ihm ein interessanter Anblick: eine schöne junge Frau, die in seinem Hof ein rituelles Bad nahm. David war sofort in sie vernarrt und schickte seine Vertrauten aus, um herauszufinden, wer sie war und um die junge Frau zu ihm zu bringen. Sie taten dies seinen Wünschen entsprechend, und nach der ersten Bekanntschaft mit dem König wurde die Frau schwanger.

Die Identität der Frau machte die Sache zusätzlich kompliziert. Sie hieß Batseba und war die Frau eines Hethiters namens Urija, eines der tugendhaftesten Generäle Israels. Er befand sich zu dem Zeitpunkt auf dem Schlachtfeld und kämpfte gegen die Feinde von Davids Königreich - was bedeutete, dass die Schwangerschaft seiner Frau eines Tages verdächtig geworden wäre.

Den Fehler kaschieren

David war schon immer ein kluger Kopf, und so heckte er einen raffinierten Plan aus, um sein Fehlverhalten zu verbergen, damit niemand zu Schaden kam. Er ließ Urija, den Hethiter, zu sich rufen und bat ihn um einen Bericht über die Lage des Heeres. Urija gab ihm den Bericht, und David schien zufrieden zu sein. Anstatt Urija zurück an die Front zu schicken, befahl der König Urija, nach Hause zu gehen und sich die Füße zu waschen - was gemeinhin als Aufforderung für den Geschlechtsverkehr mit seiner Frau gedeutet wird. Aber Urija weigerte sich, dem Wunsch des Königs Folge zu leisten. Stattdessen verbrachte er die Nacht schlafend auf den Stufen des Palastes.

Am nächsten Tag erklärte Urija David, dass er einfach nicht nach Hause gehen und sich mit seiner Frau vergnügen konnte, während der Rest der Armee auf dem Schlachtfeld verweilte und weiterhin hart für das Reich kämpfte. Es schien ihm einfach nicht recht zu sein (obwohl er scheinbar nicht bemerkte, dass er David, der im Palast blieb oder heimlich mit Batseba schlief, damit kritisierte). So geschah es, das Urija seinen König ohne böse Absicht durch die Blume kritisierte.

David gab nicht auf. Er gab am Abend ein Festmahl und machte Urija auf diese Weise betrunken. Doch der Soldat wollte immer noch nicht zu seiner Frau nach Hause gehen.

Der König hatte einen Plan B, der für Urija nicht so angenehm ausging, wie es der ursprüngliche Plan vorsah. Er schickte Urija zurück aufs Feld und gab ihm einen Brief für Joab mit. In dem Brief wies David Joab an, Urija an die Front zu schicken, damit er im Kampf leicht getötet werden konnte. Der Plan ging auf; David heiratete Batseba, und sie gebar ihm einen Sohn.[xli]

Die Bestrafung

Eines Tages kam der Prophet Nathan zu David, um ihm von einer großen Ungerechtigkeit zu berichten, die in seinem Königreich geschehen war. Ein armer Mann hatte nur ein einziges Lamm, und das war ihm so wertvoll, dass er es behandelte, als wäre es sein einziges Kind. Er berichtete ihm außerdem von einem reichen Mann mit vielen Schafen. Der reiche Mann wollte eines Tages einen Besucher füttern, aber anstatt eines seiner unzähligen Schafe zu schlachten, nahm er sich das eine Lamm, das dem armen Mann gehörte.

Als König David diese Geschichte hörte, wurde er zornig. Die Tat des reichen Mannes war ungeheuerlich, und er musste bestraft werden. Dass es sich bei dem Bericht um ein lehrreiches Gleichnis handeln sollte, bemerkte er dabei nicht. Der reiche Mann war David selbst, denn er hatte Urijas einzige Frau, die dieser so sehr liebte, gestohlen, um seine eigenen Bedürfnisse zu erfüllen. Der König hätte den armen Mann aus dem Gleichnis zusätzlich sogar umbringen lassen, um seine Sünde zu verbergen. Daraufhin überbrachte ihm Nathan eine Botschaft, die, wie er sagte, direkt von Gott kam. David sollte nicht getötet werden, und seine Dynastie sollte zu diesem Zeitpunkt noch kein Ende finden, aber er sollte dennoch auf dreierlei Weise bestraft werden. Erstens sagte der Prophet vorher, dass sich seine Familie ständig im Krieg befinden werde und dass viele seiner Nachkommen einem gewaltsamen Tode erliegen sollten. Zweitens sollte es auch geschehen, dass fremde Männer öffentlich mit seinen Frauen schliefen, weil er heimlich mit der Frau seines Gefolgsmannes geschlafen hatte. Und schließlich sollte das Kind, das er mit Batseba hatte, nicht überleben. Alle drei Bestrafungen traten bald darauf ein. Der erste Sohn von Batseba und David starb an einer Krankheit, und kurz darauf begann eine ganze Reihe von unglücklichen Ereignissen die Familie zu plagen. Es wäre spannend, mehr über die Ereignisse, die sich an Davids Hof zugetragen haben sollen, aus nicht biblischer Perspektive zu erfahren. Leider waren aber die allermeisten Menschen, einschließlich der Könige - zum größten Teil Analphabeten. Die wenigen Menschen, die schreiben konnten, waren die Autoren der biblischen Bücher.

Kapitel 7 - Die Schrecken

David war nicht der einzige Mann in seiner Familie, der sich von seinen animalischen Gelüsten leiten ließ und damit anderen Menschen Leid zufügte. In diesem Kapitel geht es vor allem um seine Söhne, die ebenso schreckliche Dinge taten und eines der bekanntesten Familiendramen der antiken Geschichte auslösten, durch welches schließlich noch weitere von Davids Kindern starben - darunter sein Erstgeborener, Amnon, und sein Lieblingskind, Absalom. Beide Söhne starben diesmal durch das Schwert.

Amnon

Amnon war der älteste Sohn Davids und der Kronprinz. Zu dieser Zeit hatte er mit einer nicht zu bändigenden Besessenheit zu kämpfen. Er war in seine Halbschwester Tamar verliebt und konnte sein Verlangen nicht mehr unter Kontrolle halten. Amnon sprach mit seinem Cousin Jonadab und erzählte ihm von seiner Sehnsucht. Jonadab war ganz auf seiner Seite und wollte ihm helfen. Gemeinsam schmiedeten sie einen Plan. Amnon sollte so tun, als sei er krank, und Tamar bitten, sich um ihn zu kümmern. Der Plan ging auf: Sobald Amnon mit Tamar allein war, vergewaltigte er sie.[xlii]

Tamar weinte aus Verzweiflung, zerriss ihr Gewand und streute Asche auf ihr Haupt. Dann ging sie hin und erzählte ihrem Vollbruder Absalom, was geschehen war. Absalom schlug sich als Beschützer auf die Seite seiner Schwester und wollte sich an Amnon rächen, verfolgte aber noch keine konkreten Rachegelüste.

David war wütend, als er von alledem hörte, aber er wollte seinen erstgeborenen Sohn nicht bestrafen. Es schien, als sei der Fall damit abgeschlossen, aber das war er nicht.

Zwei Jahre später schien die ganze Sache vergessen zu sein. Absalom lud David zu einem Fest der Schafschur ein. Es überrascht nicht, dass David kein Interesse daran hatte, also lud Absalom Amnon und die anderen Söhne des Königs ein. Sie betranken sich alle, und Absalom befahl seinen Dienern, Amnon zu töten - was von Anfang an sein Plan gewesen war.

Die anderen Söhne Davids flohen nach Hause, wo sie den Tod ihres Bruders betrauerten. David war froh, dass sie noch am Leben waren (er hatte gehört, dass Absalom sie alle umgebracht hatte, aber jetzt war klar, dass es ein Racheakt war). Der König machte sich Sorgen um Absalom und wollte, dass er auch nach Hause kam, aber sein Sohn versteckte sich vor Israel. Zwei Jahre später kehrte er zurück und bat seinen Vater um Vergebung, die David ihm gewährte.[xliii]

Der Rebell

Absalom war nur aus einem Grund nach Israel zurückgekehrt: Er wollte König werden. Und er wollte nicht warten, bis sein Vater starb. Kaum war er nach Israel zurückgekehrt, begann Absalom, gefolgt von seinen fünfzig Männern, Unruhe zu stiften. Er sprach zu den Menschen in Israel, die zu seinem Vater gereist waren, um ihn um ein Urteil zu bitten, und er war ziemlich erfolgreich bei dem Versuch, sie für sich zu gewinnen.

Etwa vier Jahre nach seiner Rückkehr nach Israel ging Absalom nach Hebron und erklärte sich zum König von Israel. Es ist interessant und ein wenig ironisch, dass er nicht heimlich dorthin gegangen war. Vielmehr hatte Absalom seinen Vater um die Erlaubnis gebeten, nach Hebron zu gehen, und hatte diese Erlaubnis auch erhalten. Absalom hatte zu diesem Zeitpunkt bereits viele Anhänger, und die Menschen schlossen sich ihm weiterhin an.

Dem biblischen Text zufolge war Absalom umwerfend gutaussehend und hatte langes, üppiges Haar. Sein Aussehen war beeindruckend, und er war genau die Art von Anführer, die das Volk von Israel sich wünschte. Außerdem war er herzlich zu den Menschen, küsste sie alle und versprach, ihnen zu helfen, sobald er

König von Israel würde.[xliv] Kein Wunder, dass viele die Seiten wechselten, darunter auch Ahithophel, einer von Davids weisesten Beratern.

David hörte, dass sich Absalom in Hebron zum König erklärt hatte, und er wusste, was als Nächstes kommen würde - der Thronanwärter würde mit seinen Kriegern zurückkommen und Jerusalem mit seiner Armee von Anhängern einnehmen. Da er nicht mit seinem eigenen Sohn kämpfen wollte, rief David seine Armee und einen Großteil der Bevölkerung zusammen und floh aus der Hauptstadt. Die Einzigen, die in Jerusalem blieben, waren zehn Konkubinen, deren Aufgabe es war, sich um den Palast zu kümmern, die Priester, die sich um die Lade kümmerten, und ein Mann namens Huschai, den David zurückgelassen hatte, um Absalom auszuspionieren.

„Absalom, mein Sohn, mein Sohn!"[xlv]

Absalom kam in Jerusalem an, und da es niemanden gab, gegen den er kämpfen konnte, überlegte er, was er als Nächstes tun könnte, um seinen Sieg noch überzeugender zu machen. Sein Berater Ahithophel (der ehemalige Berater seines Vaters) schlug vor, dass der neue König mit Davids Konkubinen schlafen sollte, und zwar vor den Augen des Volkes Israel. Also tat er genau das - er schlief mit allen verbliebenen Konkubinen in einem Zelt auf dem weiten Dach des Palastes, und er tat es mitten am Tag. So erfüllte er auf bequeme Weise die Prophezeiung - Davids erster Sohn mit Batseba war bereits gestorben, Amnon wurde gewaltsam umgebracht, und nun hatte auch jemand in der Öffentlichkeit mit Davids Frauen geschlafen.[xlvi]

Am Ende schlugen Davids Männer Absaloms Männer im Wald von Ephraim, und Absalom musste fliehen. Während er auf einem Maultier ritt, verhedderten sich seine Haare in den Zweigen eines Baumes. Das Maultier entkam ohne ihn, und man ließ ihn hängen, bis Joab ihn fand. Der General missachtete Davids Anweisung - der König wollte, dass sein Sohn unversehrt blieb - und ließ Absalom töten.

David war sehr bestürzt über den Tod Absaloms und klagte laut sein Leid: „Oh mein Sohn Absalom, [...] Wäre ich doch an deiner Stelle gestorben!"[xlvii]

Volkszählung und Pest

Einige Jahre später wollte David herausfinden, wie viele Soldaten es in seinem Königreich gab, die fähig und bereit dazu waren, in seinem Heer zu kämpfen. Daher beschloss er, eine Volkszählung in Israel durchzuführen. Nach fast zehn Monaten hatte General Joab die Ergebnisse: Es gab achthunderttausend fähige Männer in Israel und fünfhunderttausend in Juda.

Diese Ergebnisse waren jedoch nicht endgültig. Unmittelbar nach der Volkszählung wurde Davids Königreich von einer tödlichen Krankheit heimgesucht, die innerhalb von drei Tagen siebzigtausend Menschen tötete. Der Bibel zufolge war die Pest die Strafe Gottes für die Volkszählung.[xlviii] David sollte sich nur auf Gottes Gnaden verlassen und nicht auf die Zahl der Soldaten, die er versammeln konnte.

Um der Plage ein Ende zu bereiten, kaufte David ein Stück Land mit einer Tenne, baute dort einen Altar und brachte ein Opfer dar - und genau an dieser Stelle sollte Jahre später Davids Sohn Salomon den berühmten Tempel von Jerusalem bauen.

Kapitel 8 - König Salomon

David war immer noch der König von ganz Israel, einschließlich des Gebietes Juda. Israel und Juda entsprachen immer noch den beiden Gruppen jüdischer Stämme, die die nördlichen und südlichen Gebiete des Königreichs bewohnten. Beide sollten bald zu getrennten Königreichen werden, aber im Moment schien noch alles in Ordnung zu sein.

Doch der König war schwach und auch machtlos. Im ersten Buch der Könige im Alten Testament heißt es, dass David in seinem Bett fror und seine Diener und seine Familie alles taten, um ihm zu helfen. Schließlich brachten sie ihm ein hübsches Mädchen namens Abishag, um ihn aufzuwärmen, aber ohne Erfolg. Dem König war sicherlich weniger kalt als vorher, aber weiter geschah durch diesen Lösungsversuch nichts.[xlix]

Im alten Israel war das Fehlen der Potenz eng mit dem Fehlen jeglicher anderen Macht verbunden, die ein König haben konnte, und es deutete auf das nahe Ende hin. Und so geschah das Unvermeidliche - die Söhne des Königs begannen, Strategien für die Nachfolge zu entwickeln.

Wie wir in den beiden vorangegangenen Kapiteln gesehen haben, waren bereits drei Söhne des Königs gestorben - der kleine Junge, den er mit Batseba hatte, und dann Amnon und Absalom. Aber das Morden war noch nicht vorbei. Obwohl David Batseba angeblich versprochen hatte, dass ihr anderer Sohn, Salomon, sein Nachfolger werden würde, gab es einige andere Leute, die mit diesem Plan nicht einverstanden waren.

Salomons Weg zum Thron

Davids Nachfolger, Salomon, sollte nicht nur die wichtigste Idee seines Vaters verwirklichen, indem er einen Tempel für Gott baute. Er sollte auch der erfolgreichste Herrscher Israels werden und sein Volk zu einer der wohlhabendsten und einflussreichsten Nationen der Welt machen. Aber zuerst musste er König werden, und das war keine leichte Aufgabe.

Die Dinge waren zu diesem Zeitpunkt etwas kompliziert, denn Salomon war nicht der älteste Sohn Davids, der überlebte. Adonia war älter als Salomon, und er bereitete sich darauf vor, Anspruch auf den Thron zu erheben. Er hatte auch eine große Anhängerschaft. Auf der langen Liste seiner Anhänger standen unter anderem einer der beiden Hohepriester, Abjatar, und General Joab höchstpersönlich. Andere einflussreiche Persönlichkeiten wie der Priester Zadok, der Prophet Nathan und einige der tapfersten Krieger Israels blieben David treu, der ja selbst auch noch lebte, als Adonia sich vor den Mauern Jerusalems zum neuen König krönen ließ.[l]

Infolgedessen dankte David sofort ab und erklärte stattdessen Salomon zum wahren König von Israel. Die Nachricht verbreitete sich, und die Menschen begannen, Adonias Truppen zu verlassen. Der Thronanwärter floh zum Altar Gottes und blieb dort, bis Salomon versprach, ihn nicht zu töten - es sei denn, er wollte erneut versuchen, den Thron an sich zu reißen.

Davids letzter Ratschlag

David stand kurz vor seinem Tod und rief seinen Sohn und Nachfolger Salomon zu sich, um ihm einen letzten Rat zu geben. Er sagte ihm, er solle Gott lieben und ihm gehorchen, damit sein Reich gedeihen und seine Söhne für immer den Anspruch auf dem Thron Israels behalten konnten.[li]

Darüber hinaus empfahl David Salomon, sich zweier bestimmter Männer zu entledigen, deren Aktivitäten in naher Zukunft gefährlich werden könnten. Der erste Mann war General Joab, der David seit langem gedient hatte und sehr mutig und erfolgreich war, der aber auch mehr als einmal Menschen getötet hatte, die unter

Davids ausdrücklichem Schutz standen - und der gerade Adonia im Aufstand gegen den rechtmäßigen König von Israel unterstützt hatte. Der zweite Mann hieß Schimei und unterstützte derzeit David, hatte ihn aber in der Vergangenheit verflucht und verraten und war daher nicht vertrauenswürdig.

David starb, und Salomon tat wie ihm geheißen. Er ließ die beiden Männer töten und tötete schließlich auch Adonia selbst. Adonia hatte erneut versucht, den Thron an sich zu reißen, wenn auch auf subtilere Weise: Er heiratete Abischag, Davids letzte und jüngste Frau (die offenbar noch Jungfrau gewesen sein soll).[lii] Der frühere Hohepriester Abjathar wurde nicht getötet, sondern denunziert und aus Jerusalem verbannt.

Die legendäre Weisheit Salomos

Salomo war vielleicht nicht mit einem herausragenden Verstand geboren worden, aber die Bibel berichtet, dass er diesen erhielt, als er König wurde.[liii] Er befolgte Davids Rat, respektierte Gott und lebte und herrschte rechtschaffen - bis Gott eines Nachts zu ihm kam und sagte: „Bitte, was ich dir geben soll."[liv]

Salomo hatte die Möglichkeit, zwischen überwältigender Macht, Langlebigkeit, Weisheit, Reichtum und anderen erstaunlichen Belohnungen zu wählen - und er entschied sich für Weisheit. Wie er erklärte, brauchte er einen weisen Geist, um Gut und Böse zu erkennen und sein Volk gerecht zu regieren.

Gott war mit Salomos Wahl zufrieden.[lv] Neben der epischen Weisheit wurde dem König auch alles andere zugesprochen: Gesundheit, Reichtum und Macht.

Am nächsten Tag hatte Salomon die Gelegenheit, die Weisheit zu beweisen, die ihm gerade zuteilgeworden war. In der antiken Welt hatte der König die Rolle des obersten Richters in allen Rechtsfällen inne, und vor ihm lag ein heikler Fall. Zwei Prostituierte traten mit einem neugeborenen Baby an ihn heran. Die beiden Frauen lebten unter einem Dach, und jede von ihnen hatte vor kurzem ein Kind geboren. Ein Baby starb jedoch, während das andere überlebte. Nun behaupteten beide Frauen, das überlebende Baby gehöre ihnen. Der König musste entscheiden, wer die wahre Mutter war - und es gab keinerlei Beweise für oder gegen die Aussage der einen oder anderen Frau. Das war zum

Glück kein Problem, denn Salomon wusste genau, wie er die leibliche Mutter identifizieren konnte. Er bat seine Diener um ein Schwert und sagte, er werde jeder Mutter eine Hälfte des Babys geben. Die eine hatte keine Einwände, aber die andere begann zu weinen und flehte den König an, das Baby der anderen Frau zu überlassen, damit das Kind unversehrt blieb. Salomon erkannte die Liebe der wahren Mutter und schenkte ihr das Kind.

Das Urteil Salomons von Peter Paul Rubens (1617)[lvi]

Salomons Urteil und der Tempel

Nachdem König Salomon seine Position auf dem Thron gefestigt hatte, arbeitete er an der Festigung seines Reiches. Die Mauern und Tore aller größeren Städte wurden wieder aufgebaut, und die Verwaltung wurde in mehreren regionalen Zentren eingerichtet, die gut funktionierten.

Salomons eigener Haushalt war prächtig. Er war mit eintausend Frauen verheiratet, darunter Hunderte von ausländischen Prinzessinnen.[lvii] Der König kümmerte sich auch um die vielen Pferde und Streitwagen, die er besaß, und baute beeindruckende Ställe, die ebenfalls vom Reichtum Israels zeugten.

Darüber hinaus baute Salomon eine beeindruckende Flotte und förderte den Seehandel am Roten Meer. Doch nichts war so beeindruckend wie seine Bauprojekte. Sein Palast wurde in einem Zeitraum von dreizehn Jahren erbaut. Gleich neben dem Palast befand sich der Tempel, der alle Reliquien beherbergte, die früher in der Stiftshütte aufbewahrt worden waren.[lviii]

Der Bau des salomonischen Tempels war besonders interessant. Der Bau dauerte sieben Jahre, und Salomon hatte ihn in einer Art Partnerschaft mit König Hiram von Tyrus errichtet, der ihm das dringend benötigte Zedernholz zur Verfügung gestellt hatte. Aber am Ende war es das Volk Israel, das den Bau bezahlte und die ganze Arbeit durch Zwangsarbeit verrichtete.[lix]

Der Niedergang

Salomon befand sich auf dem Höhepunkt seiner Macht. Er genoss die Bewunderung seiner Untertanen und vor allem der Herrscher anderer Nationen und unterhielt zu den meisten von ihnen ausgezeichnete Beziehungen. Die Königin von Saba besuchte ihn und erzählte von seinem atemberaubenden Reichtum. Sie hatte viel von der Pracht gehört, die Salomon genoss, und wollte es nicht glauben, aber als sie es mit ihren eigenen Augen sah, erkannte sie, dass alles noch prächtiger war, als ihre Leute es ihr beschrieben hatten. (Eine spätere Legende besagt, dass König Salomon und die Königin von Saba einen gemeinsamen Sohn hatten, aber die Bibel macht dazu keine Angaben). Dieser Zustand hielt jedoch nicht ewig an, denn auch Salomon selbst erlag seinen Versuchungen.

Aus biblischer Sicht besteht Salomos größter Fehler darin, dass er anfing, die Götter zu schätzen, die seine ausländischen Frauen verehrten, und so den jüdischen Monotheismus langsam aufgab. Was nach seinem Tod geschah – wie etwa die Spaltung des Reiches (siehe nächstes Kapitel) und der anschließende Untergang der beiden neuen Reiche - wird traditionell als Strafe für Salomons spätere Vielgötterei und die Verehrung heidnischer Gottheiten interpretiert.

Ein weiterer offensichtlicher Fehler, den Salomon beging, hängt mit der Art und Weise zusammen, wie er das Reich in seinen späteren Jahren regierte. Von den zwölf Stämmen Israels behandelte er den Stamm, dem er angehörte - Juda -, eindeutig am besten. Salomon hatte das Reich in zwölf Verwaltungsbezirke eingeteilt, aber diese entsprachen nicht den älteren Stammesgrenzen, sondern bestimmten geografischen Gegebenheiten. Nur das Gebiet von Juda schien immer noch intakt zu sein, und das ist noch nicht alles. Jeder Bezirk musste Arbeitskräfte für neue Bauprojekte bereitstellen und Steuern zahlen. Auch hier wurde Juda verschont. Die Menschen in Juda mussten nicht nur keine Steuern zahlen, sondern das meiste Geld, das anderswo gesammelt worden war, landete in diesem Bezirk und wurde dort für den Befestigungsbau verwendet. Darüber hinaus hatte Salomon etwa zwanzig Städte, die den nördlichen Stämmen angehörten, an König Hiram verkauft.[lx]

Die zukünftigen Könige: Jerobeam und Rehabeam

Salomon wurde auf den Sohn eines seiner Diener aufmerksam, einen begabten und fleißigen jungen Mann namens Jerobeam, und gab ihm eine Beförderung. Jerobeam war für einige Bauarbeiten in der Hauptstadt zuständig. Eines Tages trat ein Prophet an ihn heran und teilte ihm mit, er sei auserwählt worden, über zehn der zwölf Stämme Israels zu herrschen.

Die zehn Stämme waren begierig darauf, Salomon hinter sich zu lassen und dem neuen Führer zu folgen. Doch der künftige König wusste, dass Salomon ihn umbringen wollte, und so floh er nach Ägypten, wo er bis zum Tod des alten Königs blieb. Salomon starb schließlich, und sein Sohn Rehabeam folgte ihm auf den Thron Israels.

Kapitel 9 - Geteilte Monarchie

Mit dem Tod Salomons war das goldene Zeitalter des Wohlstands, das Israel unter der Herrschaft Davids und Salomons genossen hatte, zu Ende und damit auch jede Vorstellung von der Stabilität des Landes. Die Stämme waren bereits untereinander zerstritten, und nun waren sie nur noch einen Schritt davon entfernt, sich für immer zu entzweien. An die Stelle des großen Königreichs Israel traten zwei kleinere Königreiche - Israel (bestehend aus den zehn Stämmen im nördlichen Teil des früheren Königreichs) und Juda.

Die folgenden Zeitalter waren voller politischer und religiöser Konflikte. Etwa zwei Jahrhunderte später fiel Israel an das mächtige Assyrerreich. Weitere anderthalb Jahrhunderte später fiel auch Juda an eine andere kolossale Macht - die Babylonier, die Davids Hauptstadt einnahmen und Salomos Tempel zerstörten.

Doch in der Zwischenzeit gibt es Dutzende von Königen der beiden Königreiche, deren Leben und Taten, wenn sich auch oft insgesamt nicht sehr heroisch waren, unsere Aufmerksamkeit verdienen.

Rehabeam - der unkluge Sohn des Weisen

Die Spaltung des Königreichs mag eine Folge der Vielgötterei des verstorbenen Salomon gewesen sein, aber sein ungerechtes Verhalten gegenüber den nördlichen Stämmen trug entscheidend zur Spaltung bei, und sein Nachfolger hatte nur noch mehr Salz in die Wunde gestreut.

König Rehabeam besuchte die nördlichen Gebiete, um allen klar zu machen, dass er das Sagen hatte. Er erfuhr, dass die Menschen mit der Steuerpolitik Salomos und der Zwangsarbeit unzufrieden waren und wissen wollten, ob der neue König diese Politik aufgeben würde.

Zwei Gruppen von königlichen Beratern gaben dem König widersprüchliche Ratschläge. Die älteren rieten ihm, vorsichtig zu sein, sofern er wolle, dass die nördlichen Stämme ihn akzeptierten, und ihnen zu versprechen, dass sie bekommen sollten, was sie wollten. Die jüngeren Berater waren anderer Meinung: Der König sollte den rebellischen Stämmen zeigen, wer das Sagen hat. Rehabeam gefiel der letztere Rat und er sagte etwas Schreckliches zu den Menschen: „Mein Vater hat euch das Joch schwer gemacht, aber ich werde es euch noch schwerer machen; mein Vater hat euch mit Peitschen geschlagen, aber ich werde euch mit Skorpionen schlagen!"[lxi] Rehabeam hatte natürlich nicht die Befugnis, all diese Menschen zu zwingen, ihm zu dienen, und sie erklärten ihm sofort ihre Unabhängigkeit.

Von da an nannte man den Zusammenschluss der nördlichen Stämme das Königreich Israel oder, weil sie Samaria als Hauptstadt wählten, das Königreich Samaria. Rehabeam und seine Nachfolger (die Dynastie Davids) regierten das Königreich Juda von Jerusalem aus. Juda sollte über einen längeren Zeitraum hinweg relativ stabil bleiben, und die Dynastie sollte mehr als 400 Jahre lang weiterbestehen (von Davids Krönung an).

Jerobeam und die neuen Götzen

Jerobeam (siehe Kapitel 8) wurde sofort als neuer König eines unabhängigen Israels akzeptiert, und er tat sein Bestes, um seine Position auf dem Thron zu sichern. Da die Religion im Leben der Israeliten eine große Rolle spielte, befürchtete der neue König, einige seiner Untertanen zu verlieren, falls sie weiterhin an den öffentlichen religiösen Festen in Jerusalem teilnehmen konnten. Um dies zu verhindern, baute er zwei neue Kultstätten in den Städten Dan und Bethel und stellte dort jeweils einen goldenen Stier (ein altes Symbol der Männlichkeit) auf. Außerdem erklärte er, dass diese Kälber die Götter seien, die das Volk Israel wirklich aus der Sklaverei unter den Ägyptern befreit hatten.[lxii]

Im biblischen Bericht heißt es, dass Jerobeam und seine Nachfolger verurteilt wurden, weil sie Gott den Rücken kehrten und Gottheiten annahmen, die Baal, dem von den Kanaanitern verehrten Sturmgott, ähnelten.

Schischaks Invasion und das rätselhafte Verschwinden der Bundeslade

Währenddessen nutzte der ägyptische Pharao Schischak im Süden das Chaos um die Zeit der Trennung Israels und griff Juda sowie eine Reihe anderer Städte an; er sammelte alle Schätze aus Jerusalem und kehrte dann ins Niltal zurück.[lxiii]

Der biblische Schischak war eigentlich ein Pharao namens Scheschonq I. Eine Inschrift auf seinem Tempel in Karnak besagt, dass er einen großen Feldzug in dem Gebiet anführte, das heute als Levante bekannt ist, und dass er dabei eine Reihe von Städten zerstörte. Da jedoch der größte Teil des Textes unleserlich ist, können wir nicht sicher sein, ob Jerusalem tatsächlich auf der Liste dieser Orte stand.[lxiv]

Keiner weiß, was mit der Bundeslade geschehen ist. Vielleicht nahm Schischak sie mit, oder sie wurde irgendwo unter dem Tempel versteckt. In einer Legende heißt es sogar, der Sohn von König Salomon und der Königin von Saba habe sie an sich genommen.

Seit dem rätselhaften Verschwinden der Bundeslade aus den biblischen Erzählungen haben verschiedene Forscher behauptet, sie hätten eine Spur gefunden und wüssten, wo sich die Bundeslade befinde. Einigen Quellen zufolge befindet sich das Objekt in der *Kirche Unserer Lieben Frau Maria von Zion* in Äthiopien, wo sie in einer Schatzkammer aufbewahrt werden soll[lxv] Das Volk der Lemba in Südafrika und Simbabwe behauptet ebenfalls, im Besitz der Bundeslade zu sein.[lxvi] Verschiedene Hypothesen besagen, dass sich die Bundeslade entweder in der Kathedrale von Chartres in Frankreich, im Grab von Tutanchamun in Ägypten, in der Lateranbasilika in Rom oder irgendwo in den USA befindet (wohin sie angeblich zu Beginn des Ersten Weltkriegs gebracht wurde). Die Suche nach der verschollenen Bundeslade ist so allmählich ein Teil der Populärkultur geworden.

Die Bundeslade wurde nicht unter den Schätzen aufgeführt, die der assyrische König Tiglath-Pileser III. aus Jerusalem mitnahm.[lxvii] Sie ist aus der biblischen Erzählung verschwunden, und ihr wahrer Aufenthaltsort ist seither unbekannt.

Kapitel 10 - Die Könige der geteilten Monarchie bis zum Untergang Israels

Über die nächsten Könige von Israel (und Juda) wissen wir nicht viel. Den alten Berichten zufolge gelang es den meisten von ihnen nicht, eine dauerhafte Dynastie zu gründen. Jerobeams Sohn Nadab regierte nur zwei Jahre lang; er wurde (zusammen mit allen seinen männlichen Verwandten) von einem Usurpator getötet. Der nächste König nach ihm hieß Baasha. Baasha regierte 23 Jahre lang, aber sein Sohn Elah erlitt das gleiche Schicksal wie Nadab: Nach zwei Jahren Regierungszeit wurde er von einem Feldherrn namens Simri ermordet, der wiederum von einem anderen Feldherrn getötet wurde. Simris Regierungszeit war die kürzeste in der Geschichte Israels, denn sie dauerte nur sieben Tage lang.

Omri, der Befehlshaber, der Simri getötet hatte, wurde der König, dem es gelang, eine Dynastie zu errichten, die einige Generationen (insgesamt vierzig Jahre) überdauerte und die drei folgenden Könige umfasste: Ahab, Ahasja und Jehoram. Die Jahre, in denen diese Könige Israel regierten, waren voller Konflikte und Bündnisse (einschließlich eines Bündnisses mit Juda) gegen die Angriffe aggressiver Nachbarn. Ein Beispiel für ein solches Bündnis mit den Nachbarstämmen ist die Heirat des Kronprinzen, des ältesten Sohnes von Omri, Ahab, mit Isebel, einer phönizischen

Prinzessin. Omris Feldzüge gehören zu den ersten derartigen Aktionen, die durch eine unbestrittene historische Quelle belegt sind - die Inschrift auf der Mescha-Stele, die auch als Moabiter Stein bekannt ist, besagt, dass Omri in Moab einfiel, dass es Moab aber später gelang, Omris Söhne zu unterdrücken.[lxviii]

Ahab, Isebel und der Prophet Elijah

Wie die große Mehrheit der israelischen Könige nach Jerobeam betete auch König Ahab verschiedene Gottheiten an, darunter den kanaanäischen Gott Baal und die Göttin Aschera. Aber das war nicht sein größtes Verbrechen – und auch nicht das seiner Frau. Ahab und Isebel begingen kaltblütig einen schweren Mord: Sie ließen einen unschuldigen Mann töten, nur um an dessen Besitz zu gelangen.[lxix]

Neben dem Palast des Königs wohnte ein Mann namens Naboth, der einen erstklassigen Weinberg besaß. Ahab wollte diesen Weinberg von seinem Nachbarn erstehen, aber Naboth wollte ihn nicht verkaufen. Der König war so verärgert, dass ihm durch seine Wut sogar der Appetit verging, und schließlich kam seine Frau Isebel auf eine Idee. Sie bezahlte zwei Männer dafür, dass sie behaupteten, sie hätten gehört, wie Naboth Gott und Ahab verfluchte. Den König und Gott zu verfluchen, war ein schweres Vergehen (obwohl Ahab mehrere Götter anbetete, respektierte er auch den Gott der Israeliten - offensichtlich schlossen sich die beiden Religionen für ihn nicht gegenseitig aus), und Naboth wurde umgehend hingerichtet.

Ahab erhielt den Weinberg, aber bald darauf trat ein Prophet namens Elia an ihn heran und sagte ihm, dass er und seine Frau für das, was sie Naboth angetan hatten, sterben würden und dass die Hunde ihr Blut vom Boden lecken würden. Bald darauf kämpfte Elia erfolgreich (und auf ziemlich wundersame Weise) in religiösen Kämpfen gegen die Anbeter des Baal.[lxx] Ahab wurde in einer solchen Schlacht getötet, und damit erfüllte sich die Prophezeiung des Elias.

Elia war einer der wichtigsten Propheten Israels, und der Bibel zufolge hatte er noch drei weitere Aufgaben zu erfüllen. Er musste die nächsten Könige von Israel und Aram (einem Nachbarstaat) salben und seinen Schüler Elisa zu seinem Nachfolger ernennen.

Elia erfüllte die dritte Aufgabe und überquerte dann auf wundersame Weise den Jordan, wo ihn ein himmlischer Wagen abholte und wegbrachte.[lxxi] Die anderen beiden Aufgaben wurden dann Elisa überlassen. Zunächst musste er Jehu zum neuen König von Israel salben.

Ein vorübergehender Waffenstillstand: Ahasja und zwei Jorams

Währenddessen erlebten die Herrscher und das Volk von Israel und Juda eine ungewöhnlich friedliche Zeit. Judas Kronprinz Jehoram (oder Joram) hatte Athalja, die Schwester des verstorbenen Königs von Israel geheiratet. Ihr Sohn Ahasja war der nächste Herrscher auf dem Thron von Juda, und er setzte eine friedliche Politik gegenüber Israel fort. Der neue König von Israel hieß ebenfalls Joram. Jorams Israel und Ahasjas Juda kämpften gemeinsam gegen das Volk von Aram.

Joram wurde im Kampf verwundet, und die beiden Könige gingen gemeinsam nach Jesreel, um sich zu erholen. Bei einem gewalttätigen Aufstand in der Stadt wurden sie jedoch beide getötet.[lxxii]

Jehu

Jehu war der Befehlshaber der israelischen Armee und befand sich noch auf dem Schlachtfeld, während König Joram sich in Jesreel erholte. Bei einem Treffen mit seinen Offizieren trat ein ungenannter Prophet (der angeblich von Elisa entsandt worden war) an ihn heran und salbte ihn mit dem Versprechen, dass er von Gott auserwählt worden sei, um die Dynastie Ahabs für die Sünden zu bestrafen, die der verstorbene König und Isebel begangen hatten. Das Heer unterstützte Jehu bei der Erfüllung der Prophezeiung, der sich daraufhin nach Jesreel begab.

Als sie hörten, dass Jehu sich der Stadt näherte, ahnten Joram und Ahasja, dass etwas Schlimmes passieren würde, aber alle Männer, die sie losgeschickt hatten, um Jehus Absichten auszukundschaften, wechselten sofort die Seiten und kehrten nicht zurück. Die beiden Könige blieben ganz allein zurück. Jehu kam schließlich an und tötete Joram, während er ihm endlich erklärte, was er vorhatte. Ahasja wurde ebenfalls tödlich verwundet.[lxxiii] Isebel wurde getötet, und der größte Teil ihres Körpers wurde von Hunden gefressen. Außerdem ließ Jehu alle enthaupten, die mit Ahab durch Blut oder anderweitig verwandt waren. Alle, die Ahabs Dynastie unterstützt hatten, starben bei diesem Umsturz gewaltsam.

Die Nächsten in der Reihe der Thronfolger waren die Priester des Gottes Baal. Jehu versammelte sie alle zu einem Fest und schlug ihnen vor, dem heidnischen Gott Baal ein Opfer zu bringen. Die Priester hatten keine Ahnung, dass sie dort selbst geopfert werden sollten, aber genau das geschah wie von ihrem Gastgeber vorgesehen. Soldaten drangen in den Tempel des Baal ein, töteten alle Priester und zerstörten den Tempel vollständig.[lxxiv]

Jehu blieb achtundzwanzig Jahre lang auf dem Thron von Israel und regierte. Seine Nachkommen regierten das Königreich fünf Generationen lang, bis zur Ermordung seines Ur-Ur-Enkels Zacharias.

Athalja und Joasch von Juda

In Juda erfuhr die Mutter von König Ahasja, Athalja, dass ihr Sohn tot war, und beschloss, Juda stattdessen persönlich zu regieren. Um dies zu erreichen, ließ sie alle männlichen Thronfolger umbringen. Sie wusste jedoch nicht, dass es der Schwester des verstorbenen Königs, Joscheba, gelungen war, einen ihrer Brüder - ein Baby namens Joasch - im Tempel zu verstecken. Sieben Jahre später erklärte der Hohepriester Jojada Joasch zum König von Israel, und Athalja wurde prompt getötet.[lxxv]

König Joasch regierte in Juda vierzig Jahre lang mit Hilfe des Priesters Jojada. Sie verwendeten die im Tempel gesammelten Spenden für die Reparatur des Tempelgebäudes. Andere Schätze wurden ausgegeben, um Hasael, den König von Aram, zu bestechen, damit er die Stadt Jerusalem nicht zerstörte. Schließlich wurde Joasch von seinen Dienern Jozakar und Jozabad getötet. Sein Sohn Amazja folgte ihm auf den Thron von Israel.

Kapitel 11 - Zehn verlorene Stämme: Die Zerstörung und der Fall Israels

Israel und Juda befanden sich ein weiteres Jahrhundert lang in einem Zustand ständiger Kämpfe und gewaltsamer Auseinandersetzungen zwischen den Stämmen. Infolgedessen verloren beide Königreiche immer mehr an der Macht und Stabilität, die sie einst besaßen.

In Israel starb Jehu und wurde von seinem Sohn Joahas abgelöst. Dieser König schien inkompetent zu sein, aber alles, was der biblische Text über ihn sagt, ist, dass er die Sünden Jerobeams wiederholte und „heidnische" Gottheiten anbetete.[lxxvi] Zur Strafe - oder zufällig – begann daraufhin die Verwüstung des Königreichs von Israel während der Herrschaft dieses Königs.

Die Aramäer fallen in Israel ein

Zuerst plünderten die Aramäer Israel. Hasael, der König von Aram, und sein Sohn Ben-Hadad fielen in Israel ein und eroberten mehrere Städte. Dann kehrten sie in ihr Land zurück und hinterließen einen unvorstellbaren Schaden. Das Heer des Joahas war auf insgesamt zehntausend Mann Fußvolk, nicht mehr als fünfzig Reiter und zehn Streitwagen geschrumpft.

Das Ende der Dynastie von Jehu

Auf Joahas folgte sein Sohn Joasch, der auch als Jehoasch bekannt ist. Er bekämpfte das Königreich Juda während der Herrschaft von Amazja, nahm ihn gefangen - und eine Menge Reichtümer aus dem Tempel von Jerusalem mit sich - und besiegte dann Ben-Hadad von Aram. Der nächste Herrscher nach Jehoasch war sein Sohn Jerobeam II.

Jerobeams Sohn Zacharias wurde durch Verrat getötet. Sein Mörder, Schallum, saß einen Monat lang auf dem Thron Israels, bevor er von Menahem getötet wurde. Dieser Menahem und sein Sohn Pekachja gehörten zu den grausamsten und insgesamt schlimmsten Königen, die Israel je hatte. Pekachija wurde von Pekach getötet, der zwanzig Jahre lang regierte und in dieser Zeit Juda angriff.[lxxvii]

Gute und schlechte Könige von Juda

Während der Regierungszeit Jerobeams in Israel übernahm der rechtmäßige König Asarja die Herrschaft in Juda und blieb zweiundfünfzig Jahre lang auf dem Thron. Nachdem er an Aussatz (und sehr hohem Alter) gestorben war, nahm sein Sohn Jotam seinen Platz ein und setzte die gerechte Herrschaft fort. Jotham baute ein Tor des Tempels wieder auf, das zuvor von Pekas Armee und den Aramäern beschädigt worden war. Nach seinem Tod wurde Jotam von seinem Sohn Ahas abgelöst.

Genau wie Menahem in Israel tat auch Ahas als König von Juda einige unerhörte Dinge. Er opferte sogar einen seiner Söhne einer lokalen Gottheit. Es gab außerdem ein ganzes Heiligtum vor Ort, in dem die Menschen ihre Kinder als Opfer verbrannten.

Assyrische Eroberung und Entvölkerung von Israel

Als der aramäische König Rezin und Israels König Pekah gemeinsam Juda angriffen, bat Ahas den assyrischen König Tiglath-Pileser um Hilfe. Das assyrische Heer kam und vernichtete Ahas' Feinde, eroberte Damaskus und viele andere Städte Israels. Tiglath-Pileser tötete König Rezin von Aram, und Pekah wurde in Israel entthront (oder getötet).

Der assyrische König demonstrierte seine Macht, indem er Israeliten ins Exil schickte und Hoschea zum neuen König von Israel ernannte. Hoschea lehnte sich jedoch gegen seinen neuen Herrn auf, in der Hoffnung, dabei Unterstützung aus Ägypten zu erhalten. Dies geschah jedoch nicht, und so blieb Hoschea allein zurück, unfähig, den assyrischen Eroberern zu widerstehen.

Tiglath-Pileser hatte bereits die gesamte Bevölkerung Israels durch andere Völker ersetzt, die in seinem riesigen Reich lebten. Die Israeliten waren spurlos verschwunden. Die nächsten beiden assyrischen Könige - Chalmaneser V. und Sargon II. - eroberten und zerstörten alle verbliebenen israelitischen Städte, einschließlich Samaria. Die zehn Stämme, die das Königreich Israel bildeten, waren nun für immer verloren gegangen und werden noch heute als die „zehn verlorenen Stämme“ bezeichnet.

Kapitel 12 - Widerstand und Reformen in Juda

Die Menschen in Juda waren schockiert, als sie erfuhren, dass Israel verwüstet worden war. Diese neuen Umstände machten das Königreich Juda sehr verwundbar. Es wurde deutlich, dass das Volk dieses Stammes möglicherweise das gleiche Schicksal wie die Nordvölker teilen sollte - es war also doch nicht unschlagbar. Die Herrscher Judas erkannten, dass dies ihre letzte Chance war, sich zu konsolidieren, das Königreich und sein Volk zu retten und die Zerstörung zu verhindern, die ihre nördlichen Nachbarn heimgesucht hatte. Ihre Bemühungen hatten für eine Weile Erfolg, denn das Reich bestand noch 150 Jahre lang.

Der neue König von Juda, Ahas' Sohn Hiskia, und sein Urenkel Josia veränderten zwei Generationen später die Art und Weise, wie Juda regiert wurde. Beide Könige waren Gott treu ergeben (auch wenn Hiskias unmittelbarer Nachfolger es nicht war) und taten ihr Bestes, um Juda vor der drohenden Zerstörung zu bewahren.

Hiskia, der gute König

Hiskia zeigte seine Hingabe zu seinem jüdischen Gott, indem er die alternativen Kultstätten, die Baal und anderen lokalen Gottheiten geweiht waren, im gesamten Königreich Juda dem Erdboden gleichmachte. Er ging sogar so weit, dass er die Schlange, die Moses aus Bronze gefertigt hatte, um die von Giftschlangen gebissenen

Menschen in der Wüste zu heilen, vollständig zerstörte.[lxxviii] Um sicherzugehen, dass seine Entscheidungen stets im Einklang mit Gottes Plan standen, ließ er sich vom Propheten Jesaja beraten.

Obwohl Hiskia tiefgreifende religiöse und politische Reformen durchgeführt hatte, erlitt Juda eine Niederlage nach der anderen. Die Assyrer überwältigten das Königreich und fielen in sechsundvierzig Städte ein, darunter Lachis.[lxxix] Aber der Feind wollte weiterkämpfen, bis auch Jerusalem erobert war.

„Engel" rettet Jerusalem

Der assyrische König Sennacherib drohte König Hiskia, dass er sein Land zerstören und ihn töten würde, wenn er nicht endlich aufgab und kapituliere. Hiskia war verzweifelt und bat Gott um seine Hilfe bei der Rettung Israels. Schließlich sagte der Prophet Jesaja, dass alles gut werden würde - Gott hatte sich dieses Mal dazu bereit erklärt, Jerusalem zu retten.

Die Assyrer bereiteten sich darauf vor, Jerusalem am Morgen anzugreifen, doch in der Nacht starben plötzlich alle - etwa 185 000 - Mann. In der Bibel heißt es, dass ein Engel ihr Lager besuchte. Andere antike Quellen bestätigen, dass in dieser Nacht eine große Zahl von Soldaten starben. Herodot schrieb, dass die Assyrer von einer Seuche heimgesucht wurden. Eine königliche Inschrift, die in den Überresten des Palastes von König Sennacherib gefunden wurde, besagt, dass der assyrische König Jerusalem belagert und den König von Juda wie einen Vogel im Käfig gefangen gehalten habe. Trotz ihrer militärischen Übermacht haben die Assyrer ihre Drohungen aber nie verwirklicht.

Manasse und Amon

Die Regierungszeit von Hiskias Sohn, Manasse, war bemerkenswert lang (fünfundvierzig Jahre) und stabil. Allerdings machte dieser König die religiösen Reformen seines Vaters rückgängig, und die biblischen Autoren verurteilen ihn. Wir erfahren also nicht viel darüber, wie es ihm gelang, so effektiv zu regieren und über so lange Zeit an der Macht zu bleiben. Stattdessen erfahren wir in den Schriften mehr davon, dass er Hexerei praktizierte, sich von Medien beraten ließ, ein geschnitztes Bild der Göttin Aschera in den Tempel stellte und sogar eines seiner Kinder einem fremden

Gott opferte. Die gesamte Bevölkerung von Juda schien dem König zu folgen und sich von Gott abzuwenden, und Gott versprach, dass dies das nahe Ende Judas bedeutete.[lxxx] Wir sollten auch nicht vergessen, dass die ständigen Kriege sowohl die Wirtschaft als auch die Bevölkerung Judas zerstörten - und außerhalb des Königreichs gab es neue militärische Supermächte wie Babylon. Manasse starb an Altersschwäche, und sein Sohn Amon wurde König. Amon traf jedoch einige unpopuläre Entscheidungen und genoss keinerlei öffentliche Unterstützung. Nach nur zwei Jahren wurde er von seinen eigenen Beamten getötet. Die einzige Person, die als Nachfolger in Frage kam, war sein achtjähriger Sohn Josia.

Der fromme König Josia

Josia folgte dem Weg seines Urgroßvaters Hiskia und führte eine tiefgreifende religiöse Reform hin zum Monotheismus durch. Zu Beginn seiner Regierungszeit fanden Priester im Tempel eine Schriftrolle mit dem Gesetz des Moses. Josia hörte einem Priester zu, der das Gesetz vorlas; dann bereute er zutiefst, dass er das Gesetz nicht kannte, und begann, alle neu errichteten Altäre fremder Gottheiten zu zerstören - darunter auch einen großen Altar, den Jerobeam in Bethel im früheren Königreich Israel errichtet hatte.[lxxxi]

Es überrascht nicht, dass Josia von den biblischen Autoren hoch gelobt und von späteren Propheten wie Jeremia tief betrauert wurde, als er schließlich von den Ägyptern getötet wurde.[lxxxii]

Kapitel 13 - Der Fall Jerusalems und das Ende des Königreichs Juda

Zwei mächtige Reiche - Ägypten und Babylonien - drohten, das Königreich Juda vollständig zu vernichten. Nachdem er Josia getötet hatte, nahm der ägyptische Pharao Neko Josias Sohn, König Joahas, gefangen und ersetzte ihn durch seinen Bruder Jojakim, der dem Pharao nun als Vasall Ägyptens dienen sollte. Der neue König von Juda besteuerte das Volk, um seinen Tribut in Gold und Silber an den Pharao zu zahlen.

Ägypten blieb jedoch nicht lange der Hauptakteur bei dieser Angelegenheit. Der babylonische König Nebukadnezar begann damit, alle umliegenden Länder schnell und fast mühelos zu erobern und sich so einen beträchtlichen Vorteil zu verschaffen. Als sich die babylonische Armee Jerusalem näherte, wechselte Jojakim die Seiten und unterstützte Nebukadnezar im Kampf gegen den ägyptischen Pharao.

Einige Jahre später gelang es Nebukadnezar jedoch nicht, in Ägypten einzufallen, und er zog sich zurück. Jojakim glaubte, es sei der richtige Zeitpunkt, das Königreich Juda aus den babylonischen Klauen zu befreien, und rebellierte gegen die fremde Macht. Nebukadnezar war wütend; zunächst beschloss er, die ägyptische Armee zu vernichten, und dann wies er seine Truppen an,

Jerusalem anzugreifen und König Jojakim zu töten. Das war der Anfang vom Ende, denn dieses Mal konnte Jerusalem nicht mehr gerettet werden.

Der König kapituliert

Nach dem Tod Jojakims regierte sein Sohn Jojachin an seiner Stelle, aber er regierte nur drei Monate lang. Nebukadnezar belagerte Jerusalem, und der König ergab sich. König Jojachin, seine Familie, seine Beamten und eine Menge Schätze aus seinem Palast und dem Tempel wurden nach Babylon gebracht. Die Stadt Jerusalem war zu diesem Zeitpunkt noch nicht zerstört, aber über 10000 Menschen wurden ins Exil geschickt. Nur einige der Ärmsten blieben in der Stadt, und sie litten, als die nächsten zehn Jahre von schlechter Wirtschaft und schrecklicher Hungersnot geprägt waren.[lxxxiii]

Endgültige Zerstörung

Nebukadnezar setzte Zedekia, den Onkel Jojachins, auf den Thron von Juda, damit er dafür sorgen konnte, dass die Steuern eingetrieben wurden. Zedekia war mit dem Status eines Vasallenkönigs nicht zufrieden und rebellierte nach ein paar Jahren gegen Nebukadnezar. Babylon reagierte mit Härte. Das Heer Nebukadnezars belagerte Jerusalem zwei Jahre lang, bevor es in die Stadt eindrang. Die Babylonier nahmen König Zedekia gefangen und töteten alle seine Söhne vor seinen Augen. Das war das Letzte, war er in seinem Leben je sehen sollte: Nachdem sie die Söhne des Königs getötet hatten, stachen die Babylonier Zedekia die Augen aus und brachten ihn in Ketten nach Babylon.

Innerhalb kurzer Zeit deportierte Nebukadnezar die restliche Bevölkerung Judas und verwüstete die Stadt Jerusalem mit all ihren Befestigungen, dem Königspalast und dem Tempel. Fast vierzig Jahre lang war der Tempel Salomos in Jerusalem das Herzstück des israelitischen Glaubens und symbolisierte seine Widerstandsfähigkeit. Seine Zerstörung bedeutete das Ende einer Ära.

Fazit

Auch wenn die Assyrer und Babylonier den israelitischen Königreichen ein Ende gesetzt hatten, endete die Geschichte des jüdischen Volkes und seiner Hingabe an seinen Gott nicht mit der Plünderung Jerusalems und der Zerstörung des Tempels.

Weniger als ein Jahrhundert später wurde Babylon von den Persern erobert. Die judäischen Exilanten waren nun der Gnade des persischen Königs Kyros ausgeliefert, der viel großzügiger war als Nebukadnezar. Kyros respektierte die Judäer und ihre Religion und sagte, er sei von Gott beauftragt worden, die Verbannten nach Hause zurückkehren zu lassen, um ihre heiligste Stadt und den Tempel wiederaufzubauen. Er stellte ihnen sogar die Mittel zur Verfügung, damit sie in ihr Land zurückkehren und dort neu anfangen konnten.

Nach sieben Jahrzehnten im Exil in Babylon kehrte das Volk Juda nach Jerusalem zurück, renovierte die Stadt, baute den Tempel wieder auf und nahm seine Beziehung zu Gott wieder auf. Während dieser Zeit schrieben ihre Gelehrten - Priester und Schriftgelehrte - ausführlich über das Goldene Zeitalter Jerusalems und die Könige der vereinigten Monarchie, insbesondere über das Leben von David und Salomon.

Noch viel später lassen sich verschiedene Abschnitte dieser unsterblichen Geschichten in den mündlichen Überlieferungen anderer Völker wiederfinden. Die epischen Helden des mittelalterlichen Europas sehen genauso aus wie David, und ihre weisen Könige fällen ihre Urteile genauso wie Salomon in der Bibel. Deshalb ist es wichtig zu wissen, woher diese bekannten Geschichten ursprünglich stammen, um all das herauszufinden, was wir noch nicht wussten.

Die Geschichte der Könige des alten Israel und Juda ist nicht nur ein Teil der Geschichte einer Nation. Sie ist das Herzstück der Geschichte der westlichen Welt. Religiöse Gläubige der drei großen Weltreligionen - des Judentums, des Christentums und des Islams - sehen diese Menschen und Ereignisse als die unbestrittene Wahrheit an. Auch nichtreligiöse Menschen sind oft mit diesen Erzählungen und den darin enthaltenen Weisheiten vertraut. Es sind die alten Geschichten, die unsere Ansichten über Macht, Religion, Führungskraft, Kriege, Mut und Feigheit, Nationen und Individuen, Loyalität und Verrat, Tugend und Sünde, Monotheismus und Magie prägen - ganz zu schweigen von der umfangreichen Kunstgeschichte, die mit verschiedenen biblischen Motiven gespickt ist.

Niemand von uns weiß alles über die Geschichte der Welt. Es gibt viele Teile dieses Mosaiks, die wir nie genau verstehen werden, und die Geschichte der israelitischen und judäischen Könige ist sicherlich ein wesentlicher Teil davon.

Zeitleiste der Herrschaftszeiten der Könige von Israel und Juda

ca. 1025 - 1010 v. Chr	König Saul regiert.
ca. 1010 - 970 v. Chr.	König David regiert.
ca. 1000 v. Chr.	König David macht Jerusalem zur Hauptstadt seines Königreichs
ca. 970 - 931 v. Chr.	König Salomon regiert.
ca. 960 v. Chr.	Salomon vollendet den Bau des Tempels in Jerusalem.
ca. 931 v. Chr.	Teilung zwischen dem Königreich Israel (mit Hauptstadt in Samaria) und dem Königreich Juda (mit Hauptstadt in Jerusalem).
ca. 740 - 722 v. Chr.	Die Assyrer erobern das Königreich Israel.
597 v. Chr	Erste Deportation der Israeliten nach Babylon.
586 v. Chr.	Nebukadnezar erobert Jerusalem und zerstört den Tempel Salomos.

Zeitleiste der Könige während der geteilten Monarchie

Könige von Juda Könige von Israel

Rehoboam (928-911) Jeroboam I (928-907)

Abijam or Abijam (911-908) Nadab (907-906)

Asa (908-867) Baasha (906-883)

Jehoshaphat (870-846) Eliah (883-882); Zimri (882)

Jehoram or Joram (851-843) Omri (882-871)

Ahaziah or Jehoahaz (843-842) Ahab (873-852)

Athaliah (842-836) Ahaziah (852-851)

Jehoash or Joash (836-798) Jehoram or Joram (851-842)

Amaziah (798-769) Jehu (842-814)

Azariah or Uzziah (785-733) Jehoahaz (817-800)

Jotham (759-743) Jehoash or Joash (800-784)

Ahaz (743-715) Jeroboam II (788-747)

Hezekiah (715-687) Zechariah (747); Shallum (747)

Manasseh (687-642) Menahem (747-737)

Amon (641-640) Pekahiah (737-732)

Josiah (640-609) Pekah (735-732)

Jehoahaz (609) Hoshea (732-722)

Jehoiakim (608-598)

Jehoiachin (597)

Zedekiah (597-586)

Teil 3: Königin von Saba

Eine faszinierende Geschichte einer geheimnisvollen Königin, die in der Bibel erwähnt wird, und ihrer Beziehung zu König Salomo

Die Königin von Saba wird am Tag des Gerichts gegen die heutige Generation auftreten und sie verurteilen. Denn sie kam von weit her, um von König Salomos Weisheit zu lernen. Und hier steht jemand vor euch, der größer ist als Salomo!

- Lukas 11:31

Einleitung

Das Verfassen einer Biografie über die Königin von Saba wird schnell durch ein einfaches Hindernis erschwert: die Tatsache, dass die Historiker nicht sicher sind, ob diese mysteriöse Königin überhaupt jemals existiert hat.

Zunächst einmal liegen die Ereignisse, die in der Geschichte der Königin beschrieben werden, so lange zurück, dass es außer in Form religiöser Handschriften kaum schriftliche Aufzeichnungen über diese Zeit und diesen Ort gibt. Die Königin von Saba regierte um 950 v. Chr., also vor fast 3.000 Jahren, und schriftliche Aufzeichnungen aus den Gebieten, in denen Saba existiert haben könnte, gibt es nur wenige. Die Aufzeichnungen, die wir haben und die die Geschichte der Königin erzählen, stammen von drei großen Religionen: dem Islam, dem Christentum und dem Judentum. In den heiligen Texten dieser Religionen - darunter das *Kebra Nagast* aus Äthiopien, die Chronikbücher der hebräischen Bibel, die Heilige Bibel, der Koran und die Jüdischen Altertümer - konzentrieren sich die Berichte über die Königin von Saba auf ein wichtiges Ereignis in ihrem Leben: ihren Besuch bei König Salomo von Israel. Selbst hier gehen die Berichte über die genaue Art ihrer Begegnung mit dem weisen König weit auseinander.

Die detailliertesten Aufzeichnungen über das Leben der Königin finden sich in der *Kebra Nagast.* Dieser äthiopische Text, dessen Titel übersetzt „Der Ruhm der Könige" bedeutet, ist ebenfalls unbekannten Ursprungs; er war jedoch für die äthiopischen Kaiser der salomonischen Dynastie von großer Bedeutung und wurde zu einem festen Bestandteil des orthodoxen Christentums in Äthiopien. In diesem Buch verwandelt sich der Besuch der Königin von Saba bei König Salomo von einer Suche nach Weisheit in eine romantische Begegnung, die schließlich zu einer Vereinigung führt, aus der eine Jahrtausende währende Dynastie hervorgehen sollte. In der alten äthiopischen Mythologie wird auch eine mutige Kriegerin erwähnt, eine Jungfrau, die sich abscheulichen Ungeheuern entgegenstellte und die denselben Namen trug - und im selben Zeitrahmen existierte - wie die in den heiligen Texten erwähnte Königin von Saba.

Archäologische Funde deuten jedoch kaum auf die Existenz von Saba hin, geschweige denn auf eine Königin irgendwo in ihrer Zeitlinie.

Setzt man die Lebensgeschichte der Königin aus diesen unterschiedlichen Quellen zusammen, erhält man einen faszinierenden Einblick in die antike Welt, und aus dem Durcheinander an Informationen taucht eine konstante Figur auf: die Königin selbst. In jedem Bericht ist sie kühn und weise, furchtlos und selbstlos. Sie strebt danach, ihrem Land Frieden und Sicherheit zu bringen. Im Namen der unschuldigen Massen stellt sie sich Ungeheuern entgegen, und sie gelangt an die Macht, obwohl weibliche Herrscher zu ihrer Zeit selten waren. Und anstatt vor der Verantwortung zurückzuschrecken, ergreift sie sie mit beiden Händen. Sie reist durch die Welt, um Weisheit zu erlangen, und als sie stattdessen Liebe findet, hat sie den Mut, dieser Liebe selbstlos den Rücken zu kehren und in ihre Heimat zurückzukehren, für die sie zu sorgen versprochen hat. Die Königin von Saba bleibt auf Schritt und Tritt eines der frühesten Symbole weiblicher Macht, und ihre Geschichte - ihre Legende - ist auch heute noch faszinierend und inspirierend, eine Geschichte, die die Herzen und Seelen anspricht, egal ob es sich um einen Mythos oder eine historische Begebenheit handelt.

Kapitel 1 - Saba vor der Königin

Das Erste, was man nicht wirklich über die Königin von Saba weiß, ist, wo genau Saba lag. Historiker rätseln seit Generationen über die Lage dieses geheimnisvollen Landes. Wenn man bedenkt, dass die Königin selbst Salomo um 950 v. Chr. besuchte, ist diese Frage nicht leicht zu beantworten. Die Vermutungen gehen in Richtung Jemen, Südarabien und Teile Afrikas. Die detailliertesten Legenden und Überlieferungen, die am ehesten mit dem biblischen Bericht über die Königin von Saba übereinstimmen, weisen jedoch darauf hin, dass Saba eines der ältesten Königreiche der Welt ist: Äthiopien.

Ein uraltes Volk

Äthiopien ist das älteste unabhängige Land auf dem afrikanischen Kontinent. Seine reiche Geschichte geht über Tausende von Jahren zurück, wobei eine der bedeutendsten Anfänge das Königreich von Aksum im Jahr 100 n. Chr. war. Aber die Geschichte Äthiopiens beginnt viel, viel früher. Der Geschichte der Königin von Saba zufolge war dieses einzigartige und uralte Land bereits eine riesige und reiche Nation, tausend Jahre bevor der Name Aksum jemals ausgesprochen wurde. Dies ist nicht überraschend, wenn man bedenkt, dass Äthiopien möglicherweise einer der ersten Orte der Welt ist, der von Menschen bewohnt wurde. Es wird spekuliert, dass der Garten Eden selbst irgendwo in

Äthiopien gelegen haben könnte, und die Wissenschaft hat bewiesen, dass einige der frühesten menschlichen Stämme in diesem schönen und alten Land lebten.

Die Geschichte Äthiopiens ist in den 3.000 Jahren zwischen der Herrschaft der Königin von Saba und der heutigen Zeit längst nicht mehr vollständig überliefert. Die frühesten Erwähnungen dieses Königreichs stammen aus demselben Buch, das auch den Besuch der Königin von Saba bei Salomo beschreibt: Die Heilige Bibel.

Die Ursprünge Äthiopiens in der Bibel

Im Buch Genesis wird die Erschaffung der Welt und der Menschheit beschrieben. Es erzählt auch die Geschichte, wie die ersten beiden Kinder, die in dem neu geschaffenen Universum geboren wurden - Kain und Abel, die beiden Söhne Adams - das Menschengeschlecht in zwei Hälften teilten, als es noch in den Kinderschuhen steckte. Aufgrund der Sünden von Adam und seiner Frau Eva aus dem Garten Eden vertrieben, musste die erste Familie der Welt Felder bestellen, um zu überleben. Zwischen den beiden Brüdern entbrannte ein Eifersuchtskonflikt, und in einem schrecklichen Wutanfall tötete Kain seinen eigenen Bruder. Der erste Mord der Welt war begangen.

Nach der Bibel und einem alten christlichen Text aus Äthiopien, dem Kebra Nagast, der den detailliertesten Bericht über das Leben der Königin von Saba enthält, blieben die Nachkommen von Kain und Seth, dem jüngeren Bruder der beiden, der in Abels Fußstapfen trat, uneins. Während die Nachkommen Seths zu führenden Persönlichkeiten wurden, entwickelten sich die Nachkommen Kains zu barbarischen Völkern und wurden schließlich in den Augen Gottes so unsagbar abscheulich, dass sie in der Sintflut weggespült wurden. Nur ein Nachkomme von Seth, Noah, und seine Familie überlebten.

Hier, gleich nach der Beschreibung der Sintflut, finden wir den Ursprung Äthiopiens nach diesen beiden alten Texten. Nach der King James Bibel:

Dies sind die Geschlechter der Söhne Noahs: Sem, Ham und Jafet; und ihnen wurden Söhne geboren nach der Sintflut. Durch diese wurden die Inseln der Heiden in ihre Länder geteilt, ein jeder nach seiner Sprache, nach seinen Geschlechtern, in seinen Nationen. Und die Söhne Hams:

__Kusch__, Mizraim, Phut und Kanaan. Und die Söhne von __Kusch__: Seba, Havila, Sabta, Raama und Sabtecha; und die Söhne von Raama: __Saba__ und Dedan.

- Mose 10,1 und 5-9

Kusch ist ein alter Name für Äthiopien, und da in diesem Abschnitt erwähnt wird, dass aus diesen prominenten Familien Nationen entstanden sind, kann man sich leicht vorstellen, dass sich Äthiopien aus den Nachkommen von Kusch entwickelt haben könnte. Tatsächlich wird eine Gruppe von Sprachen, die noch heute in Äthiopien gesprochen wird, als die kuschitischen Sprachen bezeichnet. Irgendwann könnte Kuschs Nachkomme Saba der Nation, die aus seinen Nachkommen entstehen sollte, seinen Namen geliehen haben, und so könnte Saba, deren Königin so berühmt wurde, geboren worden sein.

Saba und Da'amot

Die allererste Erwähnung Äthiopiens findet sich in den Hieroglyphen der alten Ägypter, die auf etwa 2500 v. Chr. zurückgehen. Dort wird es als das Land Punt bezeichnet, ein Land, in dem die ägyptischen Kaufleute reichlich Handel treiben konnten, insbesondere mit Gold. Die genaue Lage von Punt ist nicht bekannt, aber wahrscheinlich lag es irgendwo in den nördlichen Regionen des heutigen Äthiopiens.

Einige hundert Jahre weiter, in der Eisenzeit, findet man das erste bestätigte Königreich, das in Äthiopien gegründet wurde. Einzelheiten über dieses Königreich sind nur schemenhaft zu erkennen, umhüllt von den Nebeln der fernen Geschichte, aber sein Name ist überliefert: Da'amot. Es wurde wahrscheinlich zwischen 1000 und 700 v. Chr. gegründet, und selbst die Zusammensetzung seiner Bewohner bleibt bis heute ein Rätsel. Viele von ihnen waren wahrscheinlich Einheimische aus der Gegend, aber es gab auch einen hohen Anteil an Sabäern. Die Sabäer waren ein südarabisches Volk aus einem Gebiet im heutigen Jemen, einer anderen Region, die ebenfalls als das Saba der Bibel vorgeschlagen wurde, obwohl diese Berichte über die Königin von Saba nicht so detailreich sind wie die der Äthiopier.

Da'amot selbst könnte das Königreich gewesen sein, das von der Königin von Saba regiert wurde, oder es könnte sogar ein benachbartes Königreich gewesen sein; Saba und Da'amot haben jedenfalls zur gleichen Zeit existiert, auch wenn es sich nicht um dasselbe Königreich gehandelt haben mag. Das Volk von Da'amot hinterließ nur wenige Inschriften, und es gab nur wenige archäologische Expeditionen, um mehr über dieses alte Königreich herauszufinden. Das Vermächtnis von Da'amot lebt vor allem in den Ruinen mächtiger, aus beeindruckendem Stein errichteter Tempel fort.

Saba zur Zeit der Königin

Über das Königreich von Saba zur Zeit der Geburt seiner berühmten Königin lässt sich nur eines mit Sicherheit sagen: Es muss reich gewesen sein - unvorstellbar reich. Wenn man bedenkt, dass es günstig an einer Handelsroute lag, die es mit Mächten wie dem alten Ägypten und der Macht Israels verband, ist das keine große Überraschung. Äthiopien war auch ein Land, das reich an natürlichen Ressourcen aller Art war, mit weiten, fruchtbaren Landstrichen und Gold, das in seinen Flüssen und in der Erde reichlich vorhanden war. In dieses reiche und blühende Land - irgendwo im 10. Jahrhundert v. Chr. - sollte die legendäre Königin geboren werden. Doch so reichhaltig ihre Umgebung auch gewesen sein mag, der Aufstieg der Königin auf den Thron kann nicht einfach gewesen sein. Denn sie wurde auf dieselbe Weise zur Königin, wie damals alle Monarchen aufstiegen: durch einen Todesfall in der Familie.

Kapitel 2 - Der Schatten des Schlangenkönigs

Awre überragte die Stadt Aksum, die schuppige Länge seines furchterregenden Körpers ragte über die Gebäude hinaus, Schreie hallten von den Wänden, als sein schlanker Schatten über die ganze Stadt fiel. Sein Maul klaffte auf, aus dem sich große Reißzähne bogen, und auf seinem flachen Kopf glitzerte eine Krone über zwei leuchtenden Augen, die im Angesicht einer monströsen Schlange erschreckend menschlich wirkten. Eine gespaltene Zunge stach in den Himmel und bewegte sich so schnell und windend wie die Kurven des Ungeheuers, als Awre durch die Straßen glitt, wobei sein fauliger Atem ihm vorausging wie ein Vorzeichen des Todes, der noch kommen sollte.

Die Menschen in Aksum dachten nicht nach. Sie schnappten sich ihre Kinder und flohen. Sie alle kannten die gefürchtete Silhouette am Horizont nur zu gut - Awre hatte die Stadt jahrelang terrorisiert und ihr Vieh zu Hunderten verschlungen. Rinder und Schafe, Kamele und Hühner - für den unersättlichen Appetit von Awre waren sie alle dasselbe. Doch an diesem Tag flohen die Menschen mit einer besonderen Angst im Herzen. Eine Angst, die mehr als nur ihr Vieh betraf.

Awres peitschender Schwanz krachte in die Ecke eines Gebäudes. Bröckelndes Gestein regnete auf die Straße, und eine junge Mutter schrie auf und riss ihre kleine Tochter aus dem Weg der fallenden Trümmer. Sie starrte zu der Gestalt des Ungeheuers hinauf, als es vorbeizog, und kauerte sich in die Nische der Türöffnung, wobei sie ihr kleines Mädchen so fest wie möglich umklammerte. Sie wusste, welcher Tag heute war. Sie wusste, dass eine Tochter entführt werden sollte. Denn trotz der großen Anzahl von Tieren, die Awre verzehrte, war ihr Fleisch für den Schlangenkönig nicht genug. Einmal im Jahr verlangte er mehr, eine besondere Gabe, um seinen Blutdurst zu stillen: das Opfer eines Menschen - und zwar nicht irgendeines Menschen, sondern eines reinen und schönen jungfräulichen Mädchens.

Er glitt weiter durch die Straßen, sein tiefes Lachen ließ die Grundmauern der Häuser erbeben, während er sich begierig auf sein jährliches Festmahl zubewegte. Er sah ihre Silhouette, die ihn auf einer bestimmten Hügelkuppe erwartete. Ihre Kurven waren so schlank wie die seinen schuppig, aber selbst aus dieser Entfernung konnte er erkennen, dass etwas an ihr anders war. Normalerweise schrien und weinten die Mädchen. Dieses stand auf der Kuppe des Hügels mit weit gespreizten Füßen und verschränkten Armen, und als er näher kam, sah er etwas in ihren Augen aufleuchten. Es war keine Angst. Es war Feuer.

Die Haut des Mädchens glühte wie Ebenholz in der Mittagssonne, ihre braunen Augen standen in Flammen, und ihr glänzendes schwarzes Haar war nach hinten gekämmt und wurde von dem Gewicht ihres juwelenbesetzten Diadems zusammengehalten. Überrascht blieb der Schlangenkönig stehen und erhob sich, so dass er über seiner Beute thronte. Sie begegnete seinen Augen mit einem Trotz, den er noch nie gesehen hatte.

„Makeda, die Prinzessin von Saba?" Awre war ebenso überrascht wie amüsiert. „Wenn dein Volk glaubt, dass die Opferung einer so schönen und hochrangigen jungen Frau meinen Appetit länger als das übliche Jahr stillen wird, irrt es sich gewaltig." Er senkte den Kopf und streckte seine gespaltene Zunge nur wenige Zentimeter vor ihrem schönen Gesicht aus. „Doch ich will nicht leugnen, dass du eine wunderbare Mahlzeit abgeben wirst."

Makeda hob ihr Kinn. In ihrem Gesicht war nichts als kühle Entschlossenheit zu sehen. „Ich werde dein letztes Mahl", murmelte sie.

Awre lachte. Dann bäumte er sich auf, öffnete sein Maul weit und schlug zu. Makeda tat es ihm gleich. Mit der Schnelligkeit der Schlange, die sie zu bezwingen hoffte, ergriff sie das hässliche Horn, das sich aus der Spitze seiner Schnauze wölbte. Ihre Hand griff in den vorderen Teil ihres Kleides und zog einen Dolch heraus, der mit seiner Schärfe die Sonne durchschnitt. Der Dolch blitzte auf, und Blut floss an Awres Kehle hinunter. Der Schlangenkönig bäumte sich auf, riss sein Horn aus Makedas Händen und versuchte, tief Luft zu holen, um zu brüllen, aber seine Kehle war durchschnitten. Er konnte nicht einmal vor Schmerz schreien. Er fiel einfach rückwärts und brach zusammen, wobei er in seiner ganzen schrecklichen Länge zu Makedas Füßen fiel. Saba war für immer von dieser Plage befreit.

* * * *

Der Geburtstag der Königin von Saba ist nicht überliefert, ebenso wie die meisten Details über ihre Kindheit. Alles, was wir wirklich haben, ist die Legende über ein Mädchen namens Makeda, ein Name, der *„nicht auf diese Weise"* bedeutet, vielleicht weil sie später dafür bekannt wurde, dass sie ihr Volk von seinem einheimischen Glauben (der laut Koran die Anbetung der Sonne war) zum Monotheismus, wahrscheinlich dem Judentum, bekehrte. Wahrscheinlich verdiente sie sich diesen Namen, indem sie den Menschen sagte, dass es nicht gut wäre, die Sonne oder die Sterne anzubeten, und ihnen stattdessen den Weg zum Monotheismus wies.

All dies lag jedoch weit in der Zukunft. Prinzessin Makeda hat wahrscheinlich nicht im Alleingang einen monströsen Monarchen erschlagen, aber die Fabel muss ihren Ursprung in der Geschichte einer jungen Frau mit außergewöhnlicher Tapferkeit und Einfallsreichtum haben. Schon als Prinzessin hatte Makeda bewiesen, dass sie eine intelligente und entschlossene junge Frau war, die wusste, was sie wollte, und die vor nichts zurückschreckte, um es zu bekommen, besonders wenn es darum ging, ihr Volk zu schützen.

Ihr frühes Leben in der königlichen Hauptstadt Saba (die möglicherweise das heutige Yeha war, wie zahlreiche vom Volk der Da'amot errichtete Ruinen beweisen) war ein privilegiertes Leben. Saba war ein unglaublich wohlhabendes Königreich, das durch eine

Fülle von Gold, Gewürzen und anderen unbezahlbaren Schätzen reich wurde, die von seinen Händlern zu anderen Großmächten der alten Welt gebracht wurden. Makeda hatte alles, was sie sich nur wünschen konnte, und da ihr Vater auf dem Thron saß, war ihre Zukunft gesichert.

Zumindest dachte sie das. In der Antike wurden die Königreiche oft von Königen und nicht von Königinnen regiert. Im Vergleich zu ihren männlichen Gegenstücken hatten Königinnen nur sehr wenig Macht. Kriege wurden von den Königen aller Länder geführt und Bündnisse geschlossen, die absolute Macht über alle ihre Untertanen hatten, einschließlich ihrer königlichen Ehefrauen. Eine Königin auf dem Thron ohne einen König war undenkbar, aber es sollte geschehen, und zwar auf eine Weise, die Makedas junges Leben in eine Tragödie stürzen sollte.

Es ist wahrscheinlich, dass Makeda noch eine junge Frau war, als der derzeitige König von Saba entweder starb oder auf irgendeine Weise vom Thron gestoßen wurde, wahrscheinlich auf unerwartete Weise. Das Ende seiner Herrschaft drohte das gesamte Königreich von Saba ins Chaos zu stürzen. Was würde aus dem Volk werden, wenn es niemanden hätte, der es führen könnte? Sein Reichtum war jetzt eine Belastung, denn machthungrige Herrscher auf allen Seiten waren bereit, in die Schatzkammern einzudringen, für deren Schutz Makedas Vater so hart gearbeitet hatte, und sie zu plündern. Wenn es keinem starken Herrscher gelänge, den Thron zu besteigen, wären Saba und sein Volk dem Untergang geweiht.

Also tat Makeda das, was sie der Legende nach auf den Hügeln von Aksum getan hatte. Sie sah, dass ihr Volk in Schwierigkeiten steckte. Und sie schritt ein, um es zu beschützen. Sie wurde zur Königin von Saba gekrönt und war plötzlich die wohl mächtigste Frau in der ganzen ihr bekannten Welt.

Kapitel 3 - Eine zweifelnde Königin

Abbildung I: Die Königin von Saba, dargestellt in einem illustrierten Manuskript aus dem 15. Jahrhundert

https://commons.wikimedia.org/wiki/File:Bellifortis_Queen_of_Sheba.jpg

Makeda saß nun auf dem Thron der mächtigen Nation von Saba und hatte ihrem Land allein durch ihren Aufstieg Stabilität und Sicherheit zurückgegeben. Es scheint, dass Saba während ihrer Herrschaft weiterhin aufblühte, der Handel florierte und die Minen des Landes waren weiterhin reichlich mit Gold gefüllt.

Dennoch war die junge Königin nicht ganz zufrieden auf ihrem Thron. Sie war nie dazu erzogen worden, ein Königreich zu regieren - ihr fehlte die lebenslange Ausbildung, die ein junger Mann in ihrer Position erhalten hätte, wenn er als Kronprinz auf das Königtum vorbereitet worden wäre. Obwohl sie Saba auf bewundernswerte Weise unter Kontrolle hatte, sehnte sich Makeda verzweifelt nach einem Mentor. Sie hatte niemanden, den sie fragen konnte, wenn sie sich über etwas unsicher war, keine Erfahrung, auf die sie zurückgreifen konnte, wenn sie vor schwierigen Entscheidungen stand, und als regierende Königin gehörten schwierige Entscheidungen zu ihrem täglichen Aufgabenbereich.

Es gab noch etwas anderes, wonach sich Makeda sehnte, auch wenn dies eher eine unbewusste Sehnsucht war. Ihr Verstand und ihr Pflichtbewusstsein wünschten sich einen Mentor, jemanden, der sie durch all die Irrungen und Wirrungen auf ihrem Weg als Königin führen würde. Aber ihr Herz hatte seine eigenen Bedürfnisse und Wünsche.

Sie ahnte nicht, dass ihr Herzenswunsch 2.000 Meilen entfernt auf dem Thron von Jerusalem wartete.

* * * *

König Salomo hatte große Fußstapfen zu füllen.

Sein Vater war David - ein Name, der legendär geworden war, lange bevor David überhaupt König wurde. Der Hirtenjunge David, der ein Riesentöter, ein berühmter Krieger, ein mächtiger König und ein Mann nach Gottes Herzen geworden war, war der Goldjunge des goldenen Zeitalters Israels. Er führte das Volk aus der Dunkelheit der Herrschaft von König Saul heraus, obwohl Saul mehrfach versuchte, ihn zu ermorden, und Davids lange Regierungszeit war glanzvoll.

Salomo war nicht der erstgeborene Sohn von König David. Stattdessen war er das Ergebnis von König Davids größtem Fehltritt. Er hatte mit einer schönen Frau namens Bathseba Ehebruch begangen und ihren Mann in einer Schlacht töten lassen, damit er sie heiraten konnte. Salomo hätte ein Paria, ein Ausgestoßener, ein Sündenbock für die Sünden seines Vaters sein sollen. Stattdessen war Salomo laut dem Propheten Nathan Gottes Liebling unter Davids Kindern. David akzeptierte Nathans Prophezeiung und machte Salomo zu seinem Thronfolger, und als Alter und Gebrechlichkeit David an sein Schlafgemach fesselten, wurde Salomo zum König von Israel gekrönt.

Es waren bereits Jahre vergangen, seit Salomo den Thron bestiegen hatte. Die ersten Tage seiner Herrschaft waren nicht einfach gewesen, da sich Verschwörer gegen ihn erhoben und sogar sein eigener älterer Bruder versuchte, die Macht an sich zu reißen, aber Salomo hatte es geschafft, sich als König zu etablieren. Und er erwies sich als ein König, der anders war als alle anderen. Der Bibel zufolge war Gott Salomo in einem Traum erschienen und hatte ihn gefragt, was er wolle: „Bitte, was ich dir geben soll."

Salomo hätte um alles bitten können. Macht, Reichtum, Ruhm - aber stattdessen wollte der junge König nur eines: Weisheit. „So gib denn deinem Knecht ein verständiges Herz, dass er dein Volk richten kann, zu unterscheiden zwischen Gutem und Bösem unterscheiden kann; denn wer vermöchte dieses dein zahlreiches Volk richten?", bat er. Sein Gebet wurde erhört, und Salomos Weisheit wurde in der ganzen antiken Welt berühmt.

Nun herrschte Salomo bequem über sein großes Volk. Obwohl er es versäumt hatte, Gott um Reichtum zu bitten, als er seine Bitte um Weisheit ausgesprochen hatte, war er fast unermesslich reich geworden. Tausende von Pferden für seine Streitwagen standen in seinen Ställen; Ägypten und Philisterland, die historischen Feinde Israels, zahlten ihm nun Tribut. Es waren Zeiten des Friedens und des Überflusses gekommen, und Salomo konnte sich einer Aufgabe zuwenden, die ihm schon vor seiner Geburt übertragen worden war.

David hatte schon immer einen großen Tempel für den Gott Israels bauen wollen, aber Gott hatte es ihm verboten, weil David ein Mann des Krieges war, und ihm stattdessen vorhergesagt, dass er diese Aufgabe seinem Sohn übertragen würde, da dieser ein friedlicher Herrscher sein würde. Salomo war zwar ein ebenso großer König wie sein Vater, aber hier endeten die

Gemeinsamkeiten zwischen den beiden Männern. Die Geschichte kennt sie am besten durch ihre Schriften, die ein gutes Beispiel für die Unterschiede zwischen ihnen sind. David schrieb die Psalmen, eine gefühlsbetonte, leidenschaftliche, oft verzweifelte Sammlung von Liedern, deren Texte oft roh sind. Salomo hingegen schrieb die Sprüche, in denen er seinem Sohn nüchtern weise Anweisungen gibt. Der wilde und kriegerische David mag zwar ein Königreich geschmiedet haben, aber er war nicht geeignet, den ersten und wunderbarsten Tempel in Jerusalem zu bauen.

Salomo dagegen war ebenso klug und bodenständig wie weise, und er wusste, dass der Bau dieses Tempels seine Aufgabe sein würde. Also begann er, die Materialien für den Tempel zu beschaffen, und das war eine Aufgabe, die nur von diesem reichsten aller Könige hätte bewältigt werden können. Er würde Holz, Gold, unbezahlbare Stoffe, Edelsteine und glänzende Metalle in fast unvorstellbarem Ausmaß benötigen. Und er würde die entlegensten Winkel der bekannten Welt absuchen müssen, um alles zu finden, was er brauchte. Er würde in ganz Israel suchen, sogar in Ägypten und Assyrien und vielleicht sogar über das Mittelmeer.

Vielleicht sogar bis nach Saba.

Kapitel 4 - Das Wort des weisen Königs

Tamrin war überall in der bekannten Welt gewesen. Er war auf der Seidenstraße bis an die Grenzen Chinas gewandert und hatte seiner geliebten Königin unbezahlbare asiatische Schätze mitgebracht; er war durch die kargen Wüsten Arabiens gewandert; hatte die Majestät der Pyramiden und den Reichtum der Pharaonen bewundert und in der Pracht Sabas zur Zeit der Königin Makeda gelebt. Doch ein Ort, den er noch nicht gesehen hatte, war Israel. Tamrin war ein gebildeter Kaufmann, und hatte viel über diesen Ort gehört. Er hatte erfahren, dass es ein seltsames Land war, ein Ort, an dem alle Bürger nur einen Gott verehrten und an dem weder Astrologen noch Zauberer oder Wahrsager zugelassen waren. Als seine Dhows, die zu den schnellsten Frachtschiffen der Welt gehörten, das Rote Meer durchquerten, blickte Tamrin nach Osten und freute sich darauf, dieses neue Land zum ersten Mal zu sehen.

Israel hatte noch nie auf seiner üblichen Handelsroute gelegen. Tatsächlich war es eine vielversprechende - und geheimnisvolle - Anfrage, die ihn in diese Richtung führte. Salomo, der eigentümliche, aber äußerst reiche König Israels, hatte eine Anfrage an Kaufleute in aller Welt gerichtet und sie um ihre wertvollsten und teuersten Materialien in großen Mengen gebeten. Gold und Silber habe er in Hülle und Fülle, sagte er; er brauche Baumaterial, und nur das Beste sei gut genug. Goldlegierungen, die mit Kupfer vermischt waren, so dass es rot schimmerte. Saphire. Ebenholz. Tamrin hatte in Saba prächtige Gebäude gesehen und schon früher fast unfassbar wertvolle Ladungen umgeschlagen, aber der Grund für die Bitte dieses Königs war rätselhaft. Salomo wollte einen Tempel bauen - einen gigantischen, prächtigen Tempel, noch größer und schöner als sein eigener Königspalast.

Tamrin verstand das nicht, aber er erkannte eine Geschäftsmöglichkeit, wenn er sie sah. Und so zögerte er nicht, als König Salomos Bitte an ihn herangetragen wurde, und stach mit seinen tief im Wasser treibenden Dhows in See Richtung Israel, schwer beladen mit allen Schätzen, die er in den Grenzen von Saba und entlang der restlichen Handelsroute finden konnte. Seine Flotte war eine der größten in ganz Saba, mehr als siebzig Schiffe scharten sich um sein eigenes, alle mit kostbarer Ladung. Er konnte nur hoffen, dass dieser israelitische König so reich war, wie er zu glauben schien.

Als Tamrin in Jerusalem, der Hauptstadt Israels und dem Sitz seines Königs, ankam, stellte er fest, dass die Berichte über Salomos Reichtum und Weisheit nicht übertrieben waren. Der Hafen, in dem er seine Dhows verlassen hatte, war voller Handelsschiffe gewesen; seine kurze Reise ins Landesinnere nach Jerusalem selbst hatte ihn durch Felder mit wachsenden Feldfrüchten geführt, während auf allen Hügeln gemästetes Vieh weidete. Die Anreise nach Jerusalem war ebenso eindrucksvoll wie einschüchternd gewesen. Die Stadt überragte den Rest der Landschaft und ruhte auf einem felsigen Hügel. Ihre Mauern und Pfeiler waren imposant, und die glänzenden Rüstungen ihrer Soldaten waren eine Bedrohung für jeden, der es wagte, sich ihr zu widersetzen. Auch diese Soldaten waren kampferprobte Veteranen. Tamrin hatte schon viele mit Narben gesehen, Überbleibsel der schrecklichen Kriege, die König David gegen die Philister und andere Feinde geführt hatte. In jüngerer Zeit hatte ein Bürgerkrieg das Land erfasst, als Davids eigener Sohn Absalom sich gegen ihn erhoben hatte.

Aber Absalom war schon lange tot. Die Philister waren zu Tributpflichtigen degradiert worden, und Salomo hatte Absaloms Platz als Thronfolger eingenommen. Die Soldaten standen regungslos und untätig da, ihre Waffen waren gezückt, und die Stadttore waren für den Strom der Händler, die sich mühsam den Berg hinaufquälten, weit geöffnet worden. Maultiere und Esel, Kamele und Ochsen füllten die Straße, und sie alle trugen schwere Lasten mit wunderbaren Materialien in einer solchen Fülle, dass Tamrin nur staunen konnte. Seine Hunderte von Kamelen waren nicht die einzigen Lasttiere, die teure Waren auf diesen Hügel hinauftrugen. Während er seine Karawane anführte, warf Tamrin einen Blick auf die anderen Händler um sich herum. Die Tiere trugen Bronzebarren, große Rollen purpurroten Stoffs und Bretter aus Libanon-Zedernholz. Was auch immer die Gründe dieses Königs für den Bau waren, er hatte vor, einen wahrhaft prächtigen Tempel zu errichten.

Als Tamrin den Palast Salomos erreichte, hatte er bereits das Gefühl, dass ihm vor lauter Staunen die Augen aus dem Kopf fallen könnten. Die Straßen Jerusalems waren voller Menschen, und sie schienen alle so glücklich zu sein; an jeder Straßenecke gab es Musik, lachende Verkäufer, die mit schwatzenden Frauen rege Geschäfte machten, und Kinder, die sich gegenseitig durch die Straßen jagten. Der Palast selbst war ein beeindruckender Anblick, seine hoch aufragenden Säulen waren reich verziert mit allen möglichen Edelmetallen und glänzenden Stoffen.

Nachdem Tamrins Kamele und ihre Lasten versorgt waren, machte er sich auf den Weg in den Palast, wo er von Salomo selbst empfangen wurde. Der König hatte beschlossen, alle Vorgänge im Zusammenhang mit dem Bau des Tempels persönlich zu beaufsichtigen, und dazu gehörte auch, mit den Händlern zu sprechen, die das Material aus fernen Ländern mitgebracht hatten. Tamrin merkte, dass ihn die Begegnung mit diesem berühmten König nervös machte, was ihn überraschte; als persönlicher Freund von Königin Makeda waren ihm königliche Angelegenheiten nicht fremd. Aber der Reichtum und die Macht, die an Salomos Hof herrschten, hatten etwas Beängstigendes an sich. Er wischte sich die schwitzenden Hände an seinem Gewand ab, bevor er es wagte, sich dem Thronsaal zu nähern.

Der Raum selbst war unvergleichlich glanzvoll. Die Stufen, die zum Thron hinaufführten, waren mit goldenen Löwen geschmückt, und der Fußboden erstrahlte in glänzendem Marmor. Der König, der auf dem Thron saß, war breitschultrig, sein Bart fiel ihm bis zur Brust, und sein Kiefer war so streng und furchterregend wie die Mauern, die seinen Palast umgaben. Doch als Tamrin sich tief verbeugte, hatte die Stimme, die ihm sagte, er solle sich erheben, eine Sanftheit, die er nicht erwartet hatte. Er blickte zum ersten Mal in die Augen des Königs und war überrascht, dort Demut zu sehen. Salomos Ton war sanft, und als er ein Dienstmädchen schickte, um dem müden Kaufmann Wein und Brot zu bringen, klang seine Bitte ganz leise. Etwas sprachlos ging Tamrin wie von selbst dazu über, die Ware, die er Salomo gebracht hatte, zu besprechen und über den Preis zu verhandeln, aber seine Gedanken waren mit anderen Dingen beschäftigt.

Erstens war er schon überall auf der Welt gewesen, hatte aber noch nie einen Fuß in ein Königreich wie Salomos Israel gesetzt. Und zweitens hatte Königin Makeda ihm erzählt, wie sehr sie sich einen Mentor gewünscht hatte, der sie durch die gewaltige Aufgabe führen konnte, ein Königreich wie Saba zu regieren. Tamrin war sich fast sicher, dass er gerade auf die perfekte Person für diese Aufgabe gestoßen war.

Kapitel 5 - Eine Reise nach Israel

Tamrin war schon seit einigen Tagen zurück, und er sprach immerzu von der Weisheit des Königs Salomo.

Königin Makeda, die mit dem Kaufmann befreundet war, empfing ihn jeden Morgen, um mehr über seine Reise nach Jerusalem und zurück zu erfahren. Zunächst war sie etwas amüsiert über die Begeisterung, mit der Tamrin von dem großartigen Land, das er besucht hatte, seiner unglaublichen Architektur, seinen glücklichen Menschen und vor allem seinem weisen König sprach. Normalerweise war Tamrin kein Mann, der in den höchsten Tönen schwärmte, denn er war ein wettergegerbter, erfahrener und kampferprobter Mann, der schon alles gesehen und erlebt hatte. Doch in seinen Augen lag ein Leuchten, das Makeda noch nie zuvor gesehen hatte, und nach ein paar Tagen, in denen sie seinen Geschichten zuhörte, begann dieses Land sie zu faszinieren. Sie ertappte sich dabei, dass sie nach allem fragte, was er gesehen hatte, und es gab einen Teil seiner Geschichten, der sie mehr als alles andere interessierte: Salomo.

Makeda wusste, dass Tamrin mit den meisten der großen Mächte ihrer alten Welt Geschäfte gemacht hatte. Dennoch hatte er noch nie so ehrfürchtig gewirkt wie jetzt. Was Makeda am meisten beeindruckte, war, dass Tamrin von König Salomo nicht wegen seines Reichtums, seines guten Aussehens oder seiner militärischen

Fähigkeiten beeindruckt war - tatsächlich, so sagte Tamrin, hatte König Salomo noch nie einen Krieg geführt. Stattdessen war der Kaufmann von der Weisheit des Königs beeindruckt. In einer Zeit, in der die Führer der Welt allein aufgrund ihrer Herkunft an die Macht kamen, gab es viele törichte Könige. Viele der damals herrschenden Monarchen waren selbstsüchtig, machthungrig und gelegentlich sogar wahnsinnig. Aber nicht Salomo, versicherte Tamrin Makeda. Er war mehr als nur ein guter König - er besaß eine Weisheit, ein tiefes Wissen und eine Intelligenz, die Tamrin noch nie gesehen hatte. So wie Salomos Schatzkammern vor Gold überquollen, sagte Tamrin der Königin, so quoll auch sein Geist vor Weisheit über. Seine Urteile waren immer gerecht, und doch hatte er eine Bescheidenheit an sich, eine Bereitschaft, von anderen zu lernen, und eine Sanftmut im Umgang mit seinen Dienern, die man bei Menschen jeden Ranges nur selten findet.

Je mehr Tamrin über Salomo erzählte, desto mehr war Makeda von diesem König, den sie noch nie getroffen hatte, angetan. Obwohl in ihrem Königreich alles seinen Gang ging, fühlte sie sich in ihrer herrschaftlichen Position immer noch verloren und allein. Es gab niemanden, der sie anleiten konnte, keine fürstliche Bildung, auf die sie sich stützen konnte; Makeda hatte das Gefühl, dass sie im Blindflug das Schicksal ihres Volkes in der Hand hatte. Solomon schien das Gegenteil von ihr zu sein. Er war im Schatten des mächtigsten Königs aufgewachsen, den Israel je gehabt hatte, und er schien sich des Gottes, dem sein Volk diente, sehr sicher zu sein. Wenn es stimmte, was er sagte, hatte dieser Gott ihm Weisheit gegeben, die alles übertraf, was selbst der weitgereiste Tamrin je gesehen hatte. Makeda war sich nicht so sicher, was diesen Gott Israels betraf, aber in einem Punkt war sie sich sicher: Tamrin war verändert, nachdem er Zeit mit Salomo verbracht hatte, und sie wollte das haben, was Salomo dazu befähigte, mit solch ruhigem Vertrauen zu regieren.

Jeden Tag rief Makeda Tamrin in ihren Palast und hörte sich mit großen Augen alles an, was er zu sagen hatte, während sie jedem seiner Worte gespannt lauschte. Manchmal weinte sie, wenn Tamrin ihr von den Dingen erzählte, die Salomo getan und gesagt hatte. Tamrin nahm an, dass sie einfach nur ehrfürchtig war und sich an dem erfreute, was er sagte, aber vielleicht gab es noch etwas anderes, das die Königin zum Weinen brachte, etwas Untröstlicheres: eine verzweifelte Sehnsucht, das tun zu können, was Salomo zu tun vermochte. Makeda wollte besser regieren, und sie wollte die Antworten auf die tiefen Fragen in ihrem Herzen wissen, Fragen, die sie ihren Eltern nicht mehr stellen konnte, weil diese nicht mehr da waren.

Nachdem sie sich Hunderte von Tamrins Geschichten über seine Zeit in Jerusalem angehört hatte, fasste Makeda endlich einen Entschluss. In Saba war alles friedlich und stabil, aber das würde vielleicht nicht immer so bleiben. Sie musste mehr darüber lernen, wie man eine gute Monarchin war und wie man gut für sein Volk sorgte. Es gab keine Alternative: Die Königin von Saba musste König Salomo treffen. Egal, wie beschwerlich die Reise auch sein mochte, Makeda war entschlossen, sie zum Wohle ihres Königreichs anzutreten.

* * * *

Königin Makeda sah sich der Schar ihres Volkes gegenüber, und ihr Herz flatterte vor Nervosität. An der Bewunderung in ihren Augen erkannte sie, dass sie ihr Vertrauen in sie setzten, doch ein Teil von ihr war über dieses Vertrauen verängstigt und hatte das Gefühl, dass sie es nicht wert war. Aber das konnten diese Menschen nicht wissen. Sie mussten an eine starke und mutige Königin glauben, und so hielt sie ihren Rücken gerade und ihr Kinn erhoben, als sie zu ihnen sprach.

„Hört zu, ihr, die ihr mein Volk seid", begann sie, „und schenkt meinen Worten Gehör. Denn ich wünsche mir Weisheit..."

Das Volk hörte aufmerksam zu, alle Augen und Ohren waren auf ihre Königin gerichtet, während sie sprach. Sie hatte lange an ihrer Rede gearbeitet, und sie hielt sie voller Zuversicht, indem sie ihnen von dem Reichtum und der Güte der Weisheit erzählte, nach der sie sich so sehr sehnte. Sie sprach von ihrer Lieblichkeit, ihrer Kraft und ihrem Wert und nannte sie den besten aller Schätze. „Ich werde in die Fußstapfen der Weisheit treten, und sie wird mich immer beschützen", sagte Königin Makeda zu ihrem Volk. „Ich werde nach der Weisheit suchen, und sie wird für immer bei mir sein."

Ihre Stimme wurde leiser, als sie fortfuhr, und ein wehmütiger Klang schlich sich ein, als sie begann, die Tugenden eines weisen

Menschen zu preisen. „Durch seinen Anblick sollst du weise werden”, sagte sie. „Höre auf die Worte seines Mundes, damit du ihm gleich wirst.” Sie senkte den Blick, Sehnsucht schlich sich in ihren Tonfall. „Und ich liebe ihn nur, wenn ich von ihm höre”, flüsterte sie fast, „und ohne ihn zu sehen, und die ganze Geschichte von ihm, die mir erzählt wurde, ist für mich wie der Wunsch meines Herzens und wie Wasser für den Durstigen.”

Stille trat ein, und Makedas Herz überschlug sich. Der letzte Satz, den sie gesprochen hatte, war fast an sie selbst gerichtet gewesen; es war kein Teil der Rede, die sie so sorgfältig geplant hatte. Sie erstarrte und hielt den Atem an, als ihr Volk sie ansah. Hatten sie die Erregung gesehen, die sie plötzlich überkommen hatte? Hielten sie sie für schwach?

Aber die Reaktion ihres Volkes war wohlwollend. Sie bewunderten ihr Verlangen, mehr Wissen zu erlangen, und versprachen ihr ihre Loyalität und ihre Hingabe für jede Sache, in die sie ihre Zeit investieren wollte. Makeda war sehr erleichtert und begann sofort mit den Vorbereitungen für ihre Abreise. Dies war keine leichte Aufgabe. Als Königin eines so mächtigen und wohlhabenden Landes wie Saba wusste Makeda, dass sie in Jerusalem mit einem angemessenen Maß an Majestät und Zeremonie ankommen musste. Sie war die ultimative Botschafterin von Saba, und es war ihre Pflicht, dessen Stärke so gut wie möglich zur Geltung zu bringen, damit Israel es als nützlichen Verbündeten und nicht als leicht zu stürzenden Feind wahrnahm. Sie konnte es sich nicht leisten, Israel zu verärgern, aber sie konnte auch nicht zulassen, dass Saba im Vergleich schwach aussah. So gern sie auch Tamrins Geschichten über Salomo gehört hatte, so war sie doch keineswegs eine Närrin. Ihr Herz mochte sich in ihn verlieben, aber ihr Verstand hatte immer noch den Verdacht, dass Tamrin vielleicht doch übertrieben hatte. Sie würde diesen König sorgfältig auf die Probe stellen müssen, bevor sie etwas von ihm lernen konnte, und sie würde im Umgang mit ihm diplomatisch vorgehen.

Um ihr Ziel zu erreichen, Israel zu beeindrucken und gleichzeitig freundschaftliche Beziehungen zu der mächtigen Nation zu unterhalten, ließ Makeda aus den Reichtümern ihres Landes ein großes Geschenk für Salomo vorbereiten: Gold, Edelsteine und eine enorme Menge an Gewürzen. Fast 800 Kamele sowie zahlreiche Maultiere und Esel waren nötig, um all die kostbaren Dinge zu verladen, die die Königin nach Israel bringen wollte. In einem großen Zug von Lasttieren - im Gegensatz zu Tamrin würde die Königin auf dem Landweg reisen - machten sich Makeda und ihre zahlreichen Begleiter auf den Weg.

Einmal blickte sie zurück und betrachtete das grüne Juwel, das Saba war, als sie sich bereit machte, in Richtung der Wüste zu gehen, die zwischen ihrem Land und Israel lag. Einen Moment lang wollte sie nur zurück in ihren sicheren Palast laufen und hoffen, dass ihr Wissen ausreichen würde, um alle Herausforderungen zu meistern, die ihre Herrschaft noch mit sich bringen würde. Aber irgendetwas rief sie nach Norden; ihr Herz zog sie in die Richtung dieses weisen Königs, der alle ihre Fragen beantworten konnte. Also blickte sie wieder nach Norden und hielt ihren Blick starr nach vorne gerichtet, bis der Staub ihrer Reise sie ganz verschluckte.

Kapitel 6 - Die Begegnung mit Salomo

Illustration II: Salomo und die Königin von Saba von Giovanni de Min. Es ist unwahrscheinlich, dass das Aussehen der Königin in dieser Illustration ethnisch korrekt ist.

https://commons.wikimedia.org/wiki/File:Sheba_demin.jpg

Für König Salomo hätte das Leben kaum besser sein können, doch irgendwie hatte er das Gefühl, dass etwas fehlte.

Das große Projekt, an dem der König jahrelang geplant und gebaut hatte, der Heilige Tempel, den er in Jerusalem dem Gott Israels geweiht hatte, war endlich vollendet. Hunderte von Männern hatten daran gearbeitet, und aus der ganzen bekannten Welt waren kostbare Materialien zusammengetragen worden, um ihn zu bauen. Salomo saß auf seinem Thron und erinnerte sich an den furchterregenden und großartigen Tag, an dem der Geist Gottes ihm im Heiligen Tempel erschienen war und seine Gegenwart dort angekündigt hatte. Er wusste, dass er vollendet hatte, was sein Vater David begonnen hatte, und dass seine Herrschaft bereits zu den beeindruckendsten der antiken Welt gehörte. Es gab keine Feinde mehr, die sich gegen Israel stellten; König Hiram von Tyrus hatte ihm beim Bau des Tempels geholfen, und sogar der Pharao von Ägypten, der Herrscher, dessen Vorfahren die Israeliten einst gefangen gehalten hatten, hatte die Kanaaniter im Namen König Salomos besiegt und sogar seine eigene Tochter mit Salomo verheiratet. Der König selbst lebte im Luxus. Sein Volk blühte auf, ebenso wie er selbst, mit Ställen voller kostbarer Pferde, Schatzkammern, die mit Bergen von Gold und Silber gefüllt waren, und Häusern voller Ehefrauen und Konkubinen. Er hatte alles, was er sich nur wünschen konnte - nur nicht das, was er wollte. Es gab etwas, das er noch nicht in seinen Frauen, seinem Reichtum oder seiner Weisheit gefunden hatte, und er wusste noch nicht, was es war.

Er erinnerte sich an den Händler, der ihm einige der Materialien für den Bau des Tempels gebracht hatte: Tamrin, ein dunkelhäutiger, schlagfertiger Mann, mit dem Aussehen eines erfahrenen Reisenden und Abenteurers. Er war jedem gegenüber misstrauisch, außer einer Person, die er anscheinend sehr schätzte: seiner Königin, Makeda. Salomo fragte sich, was sie so anders machte, dass Tamrin sie so sehr respektierte. War sie vielleicht eine Tyrannin, die ihren Untertanen Angst einflößte? Es schien, als seien die wunderbaren Dinge, die Tamrin ihm über sie erzählt hatte, viel zu schön, um wahr zu sein.

Salomo wusste es nicht. Aber er hoffte, es eines Tages herauszufinden.

* * * *

Als dieser Tag kam, war Salomo überwältigt.

König Salomos Thronsaal war wunderschön geschmückt, wie es sich für die Pracht seiner Stadt gehörte. Der Fußboden glänzte, er war aus so fein geschliffenem Glas gefertigt, dass er wie Wasser schimmerte. Einzelheiten über den Rest des Raumes sind der Geschichte verloren gegangen, aber es gab wahrscheinlich Säulen aus teurem, fein geschnitztem Holz, purpurne Vorhänge und einen vergoldeten Thron.

Von den Fenstern des prächtigen Raums aus beobachtete er, wie sich der große Zug der Kamele auf seine Stadt auf dem Hügel zubewegte. Es waren Hunderte von ihnen - so viele Kamele hatte er noch nie auf einmal gesehen, nicht einmal bei all seinem Pomp und seiner Pracht. Die Kamele, die mit Seilen aus Ziegenhaar aneinandergebunden waren, trotteten trotz der enormen Lasten, die sie auf ihren bunten Sätteln trugen, zufrieden dahin. Einige von ihnen hatten Kamelbabys auf den Rücken geschnallt; Salomo wusste, dass die Kamelmütter direkt hinter den Kamelbabys herliefen, und das ließ ihn denken, dass sie eine lange Reise hinter sich haben mussten. Er schickte seine Diener aus, um herauszufinden, wer diesen großen Zug von Kamelen in seine Stadt brachte, und als sie zurückkehrten, schlug sein Herz höher. Es war die Königin von Saba - dieselbe Königin, die selbst Tamrins zynische Augen zum Leuchten gebracht hatte, als er von ihr sprach.

Ungeduldig wartete Salomo in seinem Thronsaal auf die Ankunft der Karawane. Endlich konnte er die Schritte auf dem Gang draußen hören, und er klammerte sich voller Erwartung an die Lehnen seines Throns. Die Königin, von der er schon so viel gehört hatte, war endlich da.

Die großen Türen schwangen auf, und umgeben von Dienern stand sie da, groß und atemberaubend, ihre dunkle Haut faszinierend und ein ungewöhnlicher Anblick für Salomo. Makedas Augen wirkten nervös, aber ihre Haltung war ebenso furchtlos wie stolz. Ihr wunderschön besticktes Gewand floss über ihre schlanken Kurven, und Salomo fühlte sich ehrfürchtig, als er sie auf eine Weise ansah, die nichts mit ihrem Rang und Reichtum zu tun hatte.

Salomo besaß gerade genug Geistesgegenwart, um Makeda aufzufordern, sich dem Thron zu nähern. Sie trat vor und zögerte dann, als sie ihr Spiegelbild auf dem glatten Glasboden entdeckte. Das schien sie für einen Moment innehalten zu lassen. Sie griff in den vorderen Teil ihres schweren Rocks und hob ihn an, so dass die schlanken Knöchel zum Vorschein kamen, dann trat sie vorsichtig mit der Fußspitze vor. Sie schien zu erschrecken, als ihr Fuß auf die kalte, harte Oberfläche des Glases traf. Als sie zu Salomo aufblickte, war ihre Haltung einen Moment lang unbeholfen.

Der König erkannte, dass sie den Glasboden zunächst für Wasser gehalten hatte. Er beeilte sich, sie zu beruhigen, und lud sie ein, heranzutreten, woraufhin sie ihre Fassung wiedererlangte und sich ihm näherte. Als sie den Thron erreichte, verbeugte sie sich tief, und alle ihre Diener taten es ihr gleich. Endlich war die Königin von Saba König Salomo begegnet, und sie war mehr als bereit, ihn mit all ihren Fragen zu löchern. Die erste Frage war wahrscheinlich, was ihn dazu bewogen hatte, seinen Fußboden aus dem glattesten Glas zu bauen, das sie je gesehen hatte.

* * * *

Die Berichte über den Einzug der Königin von Saba in Jerusalem weichen stark voneinander ab. Während sowohl jüdische als auch muslimische Werke die Geschichte des Glasbodens erzählen, erwähnen äthiopische Manuskripte den Boden überhaupt nicht. Der muslimische Bericht berichtet von Dämonen, die Salomo warnten, dass die Königin von Saba Dschinn-Blut in sich trug, was Salomo veranlasste, den Glasboden eigens zu konstruieren, um Makeda dazu zu bringen, ihren Rock zu heben und ihm ihre unnatürlich behaarten, unmenschlichen Beine zu zeigen. Die Bibel selbst geht nicht im Detail auf ihre erste Begegnung ein, sondern erwähnt nur, dass sie mit einem großen Geschenk an Gewürzen und Edelmetallen für Salomo in Jerusalem einzog.

In einem Punkt sind sich jedoch alle Berichte einig: Makedas Grund für ihren Besuch bei dem verehrten König. Sie war dort, um seine Weisheit mit ihren Fragen zu testen und zu entscheiden, ob sie von ihm lernen konnte, wie Tamrin es versprochen hatte. Und obwohl sie noch jung war, war die Königin bereit, Salomo bis an seine Grenzen zu testen.

Kapitel 7 - Eine verbotene Vereinigung

Makeda war seit einigen Tagen in Jerusalem, wo sie sich noch von ihrer Reise erholte, und selbst sie war erstaunt über die Pracht der Unterkunft, die Salomo ihr zur Verfügung gestellt hatte.

Sie und alle ihre Begleiter hatten Zimmer im Königspalast selbst erhalten: großzügige Räume, schön dekoriert und elegant eingerichtet. Doch damit war die Gastfreundschaft Salomos noch nicht zu Ende. Jeden Tag schickte er ihnen mehr Essen, als sie jemals hätten verzehren können. Brot und Ochsenfleisch, feine Gerichte in köstlicher Soße, Wein und Honig, fettes Geflügel und Hammelfleisch - sogar die Köstlichkeiten, die der König selbst genoss, wurden in Makedas Quartier geschickt, begleitet von Sängern und Gauklern. Makeda war im Luxus aufgewachsen und hatte nie etwas Materielles vermisst, aber das hier war mehr, als selbst sie gewohnt war, und sie genoss die Zeit der Entspannung.

Doch sie war nicht nach Jerusalem gekommen, um zu speisen und sich unterhalten zu lassen. Sie war gekommen, um den König zu sehen. Es verging nicht viel Zeit, bis Makeda um eine Audienz bei ihm bat, die ihr auch prompt gewährt wurde.

Wieder einmal ging Makeda zu König Salomo in den Thronsaal. Diesmal war sie jedoch nicht mehr so unbeholfen und nervös wie beim ersten Mal, als sie den Raum betrat. Sie trat kühn auf den gläsernen Boden, und Salomo wusste, was jetzt kommen würde:

Makeda würde ihn mit Rätseln auf die Probe stellen. Dieses uralte Ritual, Rätsel zu stellen, war seit Jahrhunderten Teil der alten Kulturen und ist auch heute noch in Geschichte und Mythologie zu finden. Die Herausforderung mit einem Rätseln galt als hervorragender Test für die Weisheit, Intelligenz oder Bildung eines anderen.

Sie tauschten Höflichkeiten aus, und Makeda kam sofort zur Sache. Sie rief ihre Diener herein, die zwei Vasen mit Blumen mitbrachten und sie auf dem glänzenden Boden am äußersten Ende des Raumes abstellten. Ihr Gesichtsausdruck war offen und charmant und forderte den König auf, seinem Ruf gerecht zu werden, als sie Salomo erzählte, dass eine der Vasen echte Blumen enthielt; die anderen waren kunstvoll aus Stoff und anderen Materialien hergestellt worden. Sein erstes Rätsel bestand darin, herauszufinden, welche Vase die echten Blumen enthielt, ohne sich von seinem Thron zu erheben.

Salomo brauchte nicht lange zu überlegen. Er wandte sich an seine eigenen Diener. „Öffnet das Fenster", befahl er.

Die Diener tauschten zweifelhafte Blicke aus und taten, wie ihnen geheißen. Eine warme Brise wehte durch den Raum und strich wie mit Fingern durch Makedas dichtes, dunkles Haar. Staunend beobachtete sie, wie ein sanftes Summen die Luft erfüllte und eine Biene nach der anderen aus dem heißen Sonnenschein hereinkam, angelockt vom Duft der Blumen. Sie flogen geradewegs auf die Vase mit den echten Blumen zu und ließen sich dort nieder, um nach dem Nektar zu suchen, wobei ihre zarten Flügel summten, während sie von einer Blume zur nächsten flogen.

Makeda riss ihren Blick von den winzigen Insekten los, um König Salomo in die Augen zu sehen. Er brauchte nichts zu sagen. Sein Lächeln sagte alles: Er war bereit für alles, womit sie ihn konfrontieren würde.

In ihrer Verwunderung riss sich Makeda zusammen. Über das Summen der Bienen hinweg stellte sie ihre nächste Frage. „Was ist das Böse?", fragte sie.

Salomos Antwort kam postwendend. „Die Augen des Herrn beobachten an jedem Ort das Gute und das Böse, und in ihnen liegt ihre Definition."

Makeda hielt inne. Tamrin hatte ihr von diesem Gott erzählt, dem Salomo diente. Sie fragte sich, ob er etwas mit dem Vertrauen in die Stimme des Königs zu tun hatte.

„Was ist das mächtigste Organ des Körpers?”, fragte sie.

„Tod und Leben liegen in der Macht der Zunge”, antwortete Salomo schnell und mit der Gewissheit eines Mannes, dessen einziges Wort eine Hinrichtung anordnen oder eine Schlacht beginnen konnte.

„Sieben gehen und neun kommen”, sagte Makeda. „Zwei schenken den Trunk aus, und nur einer trinkt.”

Salomos Blick war intensiv, und Makeda merkte, dass ihr Herz schneller schlug. „Sieben Tage sind die Tage der Menstruation einer Frau”, sagte er. „Neun sind die Monate ihrer Schwangerschaft. Ihre beiden Brüste nähren das Kind, und das Baby ist dasjenige, das trinkt.”

Makeda grinste. Solomon machte seine Sache gut, aber sie hatte noch viele Rätsel für ihn auf Lager. Doch in ihrem Herzen wusste sie, dass er sich bereits als weise genug erwiesen hatte, um ihr alles beizubringen, was sie wissen wollte.

* * * *

Ihre Besuche setzen sich fast täglich fort. Er kam zu ihr, oder sie ging zu ihm. Sie war immer von Dienern umgeben, doch jedes Mal, wenn Makeda ihn ansah, schlug ihr Herz schneller. An der Art, wie Salomo sie ansah, erkannte sie, dass er dasselbe empfand, aber sie zwang sich, sich auf die anstehende Aufgabe zu konzentrieren. Makeda war gekommen, um Weisheit zu lernen, damit sie Saba weise regieren konnte, und nicht, um sich zu verlieben. Sie verdrängte den Gedanken und hörte aufmerksam allem zu, was sie von ihm lernte, was sie sehr beeindruckte.

Die Gebote, die der König sie lehrte, drehten sich alle um seinen Gott, und je mehr Makeda - die wie der Rest ihres Volkes Sonne und Mond anbetete - von Salomo hörte, desto mehr wollte sie lernen. Er lehrte sie Demut und Sanftmut und zeigte ihr, was es bedeutete, ein Volk wie Israel so zu regieren, wie er es von seinem großen Vater David gelernt hatte, und er verglich sich selbst - wie es in der äthiopischen Geschichte heißt - mit einem einfachen Arbeiter. Er sagte Makeda, er sei ein Mann wie jeder andere, aber je mehr Zeit sie mit ihm verbrachte, desto mehr wurde ihr klar, dass er anders war als alle anderen Männer, denen sie je begegnet war. Und nach den vielen Komplimenten zu urteilen, die er ihr machte, war Salomo genauso angetan von ihr.

Wie David hatte auch Salomo eine große Schwäche, und wie bei seinem Vater waren es auch bei ihm die Frauen. Und Makeda, so sollte sich herausstellen, war nicht anders.

* * * *

Makeda lebte seit einigen Monaten im Königspalast von Jerusalem und wusste, dass die Zeit kommen würde, in der sie nach Saba zurückkehren musste. Auch Salomo wusste, dass die Königin in ihr Land zurückkehren musste. Zu diesem Zeitpunkt hatte sie bereits viel über das Regieren gelernt und sich den Gott Israels zu eigen gemacht. Nach Salomos Meinung war ihre Ausbildung jedoch noch nicht abgeschlossen. Er lud sie in seinen eigenen Speisesaal ein, angeblich, um ihr das Innenleben seiner Verwaltung zu zeigen, aber er hatte auch einen Hintergedanken.

Als Makeda in die inneren Gemächer kam, stellte sie erfreut fest, dass Salomo für sie einen privaten Bereich eingerichtet hatte, in dem sie Dinge beobachten konnte, ohne gesehen zu werden. Er war genauso luxuriös wie alles andere, was der König für sie getan hatte: Es gab purpurne Vorhänge, Weihrauch und den himmlischen Duft von Myrrhe. Sie nahm dort Platz und verbrachte den ganzen Tag damit, zu beobachten, wie der König und seine Diener speisten und sich mit anderen Würdenträgern trafen.

Es war schon spät am Abend, als alle anderen abreisten. Salomo näherte sich Makedas Geheimversteck und sprach mit ihr. „Ruhe dich hier aus, bis der Tag anbricht", forderte er sie auf.

Makeda sah das Glitzern in seinen Augen. „Schwöre mir, dass du mich nicht mit Gewalt nehmen wirst", sagte sie. „Ich bin eine Jungfrau und möchte nicht mit der Schande, meine Jungfräulichkeit auf diese Weise verloren zu haben, zu meinem Volk zurückkehren. Schwöre bei deinem Gott, dem Gott Israels."

„Ich schwöre, dass ich dich nicht mit Gewalt nehmen werde", stimmte Salomo zu, „aber du musst schwören, dass du nichts in meinem Haus an dich nehmen wirst."

Makeda schüttelte lachend den Kopf. Warum sollte sie etwas von Salomo stehlen wollen, fragte sie und stimmte lachend seiner Bitte zu. Hätte sie gewusst, was er damit bezwecken wollte, hätte sie nicht gelacht.

Die Diener kamen herein und richteten das Zimmer für die beiden ein, mit Salomos Bett an einem Ende und Makedas Bett am anderen. Aber das würde nicht lange so bleiben. Salomo hatte dafür gesorgt, dass die letzte Mahlzeit, die er Makeda serviert hatte, salzig und würzig war, und als die Königin in der Nacht erwachte, hatte sie brennenden Durst. Sie entdeckte eine Schale mit Wasser in der Kammer und seufzte erleichtert auf. Sie stand auf, ging zu der Schüssel und hob sie an ihre Lippen.

In diesem Moment erhob sich Salomo und erschreckte die Königin. Seine Augen flackerten vor Vergnügen. „Warum hast du deinen Schwur gebrochen?", fragte er.

Wir werden nie erfahren, was genau Makeda in diesem Moment durch den Kopf ging. Hatte sie Angst? Wurde ihr bewusst, was sie getan hatte, mit Entsetzen oder mit einer heimlichen Freude?

Wie auch immer, das Ergebnis war dasselbe. „Ich habe gegen dich gesündigt", sagte sie zu Salomo. „Du bist von deinem Schwur befreit."

Und Salomo nahm ihre Hand und führte sie zum Bett.

Kapitel 8 - Freude auf der Heimreise

Abbildung III: Ein Kunstwerk aus dem 17. Jahrhundert, das die Königin von Saba beim Verlassen Israels zeigt. Während der Kebra Nagast die Königin auf einem Kamel reisen lässt, heißt es in einigen Berichten, dass sie mit einem Schiff in Israel ankam.
https://commons.wikimedia.org/wiki/File:Claude_Lorrain_008.jpg

Saba winkte, aber Makeda zögerte, als sie in einer abgelegenen Ecke vor dem Königspalast in Jerusalem stand. Diesmal war ihr Gefolge für die Heimreise sehr groß. Sechstausend Kamele standen bereit, um die lange Reise zurück nach Saba anzutreten, und sie waren so beladen mit allem, was Makeda sich nur wünschen konnte - Edelmetalle, Edelsteine, wunderschön bestickte Gewänder -, dass sechstausend fast nicht ausreichten. Makeda war im Begriff, ihrem Volk ein gewaltiges Geschenk nach Hause zu bringen, und zwar nicht nur in Form der materiellen Dinge, die die Kamele trugen. Ihr Geist und ihr Herz waren erfüllt von den Ratschlägen, die Salomo ihr gegeben hatte, und sie freute sich darauf, wieder nach Hause zu kommen und alles, was sie gelernt hatte, anzuwenden.

Dennoch war sie unschlüssig und zögerte ein wenig, auf ihr Kamel zu steigen und aufzubrechen. Versteckt vor dem Palast blickte sie in Salomos bezaubernde Augen, und Erinnerungen an die Nacht, die sie zusammen verbracht hatten, regten sich in ihrem Herzen.

Salomo hatte sie für einen Moment aus der lauten musikalischen Zeremonie, mit der er sie verabschiedete, herausgeholt. Seine dunklen Augen funkelten, als er den zarten Ring von seinem kleinen Finger streifte und ihn ihr hinhielt. „Nimm ihn, damit du mich nie vergisst", murmelte er und steckte ihn ihr an den Finger. „Und wenn es so sein sollte, dass du mir einen Sohn gebärst, dann soll dieser Ring ein Zeichen für ihn sein, und er soll zu mir kommen." Er hielt inne, und die Emotionen trübten sein Gesicht, denn er wusste, dass er die schöne Königin vielleicht nie wieder sehen würde. „Denk an alles, was ich dir gesagt habe, und bete Gott von ganzem Herzen an und erfülle seinen Willen."

Makeda wusste, dass dies der Abschied war. Sie war bereit, nach Hause zu gehen, aber sie wusste, dass ein großes Stück ihres Herzens bei diesem bezaubernden König zurückbleiben würde.

„Möge Gott mit dir sein", sagte Salomo knapp. „Geh in Frieden."

Also verließ Makeda ihn, den einzigen Mann, den sie je geliebt hatte. Sie stieg auf ihr Kamel und kehrte nach Saba zurück, und während das Kamel davonritt, spürte sie tief in ihrem Inneren das Aufkeimen eines neuen Lebens.

* * * *

Die lange Reise zurück nach Saba wurde für die schwangere Königin immer beschwerlicher. Bei den Tausenden von Kamelen, die es zu bewegen galt, schien es immer etwas zu geben, das sie aufhielt, und Makeda wurde immer unruhiger, da ihr Bauch mit jedem Tag größer wurde. Sie war nicht in der Lage, ihr Kind in Saba zur Welt zu bringen. Stattdessen musste sie zu ihrem Entsetzen feststellen, dass sie ihr Erstgeborenes irgendwo auf dem Weg zur Welt bringen würde.

Neun Monate und fünf Tage, nachdem sie die Sicherheit Jerusalems verlassen hatte, wurde sie von den Wehen heimgesucht. In Begleitung einer Amme war die junge Königin gezwungen, ihr Kind irgendwo auf der Straße zu gebären, obwohl sie möglicherweise in einer Stadt hätte anhalten können. Doch sie wäre von Fremden umgeben gewesen, ohne Familie und möglicherweise ohne Freunde in der Nähe; abgesehen von dem Baby, das gerade auf die Welt kam, hatte Makeda keine Familie. Sie würde nur dieses eine Kind bekommen, und sie musste es allein zur Welt bringen, ohne Medikamente und ohne Hilfe.

Makeda wusste, dass sie wahrscheinlich nie wieder nach Jerusalem zurückkehren würde. Sie wusste auch, dass es keinen anderen Mann für sie geben würde, nicht nach Salomo. Die Zukunft ihres gesamten Königreichs hing von der Geburt dieses Kindes ab, und als die Amme das Baby schließlich in Makedas Arme legte, konnte sie sich nur freuen, als sie das gesunde kleine Kind erblickte. Mehr noch, es war ein kleiner Junge. Saba hatte nun einen männlichen Erben.

Der Name des Babys hängt davon ab, welchen Bericht man liest; in den muslimischen Berichten war er als Ibn al-Hakim oder als Sohn des Weisen bekannt, während er im Kebra Nagast Bayna-Lehkem hieß. In der Geschichte ist er jedoch vor allem unter seinem einfachsten Namen bekannt: Menelik, später Menelik I.

Nachdem das Baby von der Amme sicher versorgt worden war, reiste Makeda nach Hause in ein Land, das sie und ihren kleinen Sohn mit offenen Armen begrüßte. Menelik war nach jüdischem Recht unehelich, aber das Volk von Saba scherte sich wenig um solche Dinge; ein Sohn war ein Sohn, und sie hießen ihn als ihren Kronprinzen willkommen. Sie waren hocherfreut, ihre Königin wiederzusehen, und freuten sich besonders über die Geschenke, die sie mitbrachte. Das reiche und wohlhabende Saba war jetzt nicht nur noch reicher und wohlhabender, sondern seine Königin war wieder zu Hause, und das ganze Land freute sich.

* * * *

Der zwölfjährige Menelik war inmitten der besten Dinge aufgewachsen, die es gab. Seine Mutter sorgte dafür, dass er alles bekam, was sein Herz begehrte - und einige Dinge, die sein Herz sicher nicht begehrte. Dazu gehörte vor allem eine gute Ausbildung. Menelik wäre viel lieber ausgeritten und auf die Jagd gegangen, als in den opulenten Räumen des Palastes zu sitzen und seinen Lehrern zuzuhören, wie sie über Themen schwadronierten, die ihn langweilten. Aber er ging pflichtbewusst zum Unterricht, denn seine Mutter hatte ihm gesagt, dass er eines Tages König sein würde.

Das einzig Gute am Unterricht waren aus Meneliks Sicht seine Freunde. Er war in einer Gruppe von adligen Jungen in seinem Alter aufgewachsen, und sie spielten, kämpften und alberten miteinander herum. Eine Sache, die ihm immer auffiel, war, dass die anderen Jungen alle Väter hatten. Einige ihrer Väter waren in Schlachten oder bei Unfällen gestorben, aber selbst diese Jungen sprachen oft von ihnen, und Menelik konnte nicht verstehen, warum er keinen Vater hatte. Schließlich begann er zu fragen, und seine schüchterne Neugier führte dazu, dass er seine Freunde vor allen anderen fragte.

„Wer ist mein Vater?", fragte er sie eines Tages, als sie durch den Palast gingen, während die anderen Jungen einander schubsten und drängelten und sich gegenseitig neckten.

„Salomo der König", antwortete ihm einer der Jungen.

Meneliks Vater war ein König? Er musste mehr herausfinden. Er eilte zurück zu seiner Mutter und fragte sie bei der ersten Gelegenheit danach.

Makeda war erschrocken, als Menelik sie fragte, wer sein Vater sei. Sie drehte den Ring, den Salomo ihr geschenkt hatte, an ihrem Finger hin und her, denn sie wusste, dass Meneliks Neugier auf seinen Vater ihn bis nach Israel führen könnte, und sie wusste aus Erfahrung, wie lang diese Reise war.

Sie starrte den Jungen an. Es waren fast dreizehn lange Jahre vergangen, seit sie sich von dem Palast in Jerusalem und dem

Mann, der ihr Herz erobert hatte, verabschiedet hatte, und mit jedem Tag, der verging, glich Menelik mehr und mehr seinem Vater. Er hatte dieselben Augen, intensiv und ernst, und selbst nach all den Jahren verspürte Makeda einen quälenden Schmerz der Sehnsucht nach dem König, den sie geliebt hatte. Sie konnte Menelik nicht gehen lassen. Er war alles, was ihr von Salomo und von ihrer eigenen Familie geblieben war. „Ich bin dein Vater und deine Mutter", sagte sie wütend und versuchte, ihn dazu zu bringen, das Thema fallen zu lassen.

Aber Menelik ließ nicht locker. Er bedrängte seine Mutter weiter und weiter, bis sie es ihm schließlich sagte. „Sein Land ist weit weg, und der Weg dorthin ist sehr beschwerlich; möchtest du nicht lieber hierbleiben?"

Möglicherweise sah Menelik, wie sehr seine Frage seine Mutter gekränkt hatte, und ließ es gut sein.

Aber nicht für lange.

Kapitel 9 - Ein neuer König

Makeda wusste in dem Moment, als Menelik hereinkam, dass sie es nicht länger aufschieben konnte. Ihr Junge würde nach Israel gehen, und es gab wenig, was sie tun konnte, um ihn aufzuhalten.

Sie sah ihn voller Sorge an und erinnerte sich an den Tag, an dem er sie zum ersten Mal nach seinem Vater gefragt hatte, was nun zehn Jahre her war. Damals hatte sie genauso viel Angst gehabt, ihn zu verlieren wie jetzt, aber nun war er kein Junge mehr, sondern ein starker junger Mann. Er hatte die breiten Schultern und die reine Stimme seines Vaters, in seinen Augen blitzte die gleiche Intelligenz auf, und Makeda wusste, dass er zu einem würdigen jungen Prinzen herangewachsen war. Dennoch sehnte sich das Herz des Prinzen danach, mehr darüber zu erfahren, woher er gekommen war. Er war mit den Geschichten über die Familie seiner Mutter aufgewachsen, aber sein Vater war ihm fremd, abgesehen von dem ehrfürchtigen Geflüster aller, die die Geschichte von Salomos Weisheit kannten und wussten, wie er sie der Königin Makeda vermittelt hatte. Sein fragendes Herz wollte nicht ruhen, bis er das Gesicht seines Vaters gesehen hatte.

Menelik sah den Kummer seiner Mutter in ihren Augen. Er sprach sanft zu ihr. „Ich werde gehen und das Gesicht meines Vaters sehen", sagte er ihr, „und ich werde hierher zurückkehren, wenn Gott, der Herr Israels, es will."

Makeda lächelte. Er hörte sich so sehr an wie Salomo, wenn er von Gott sprach; schließlich hatte sie ihn nach den Lehren Salomos erzogen. Sie rief nach Tamrin, und er humpelte in den Raum. Tamrin war jetzt noch mürrischer als ein Vierteljahrhundert zuvor, als er zum ersten Mal nach Israel gereist war, aber er diente der Königin immer noch treu als Hauptmann ihrer Handelsleute. „Mach dich bereit für deine Reise”, sagte sie zu ihm. „Und nimm diesen jungen Mann mit, denn er wird nicht aufhören, mich zu bitten, gehen zu dürfen. Bringe ihn zum König und bringe ihn sicher hierher zurück, wenn Gott es will.”

* * * *

König Salomo stand in seinem Königspalast und blickte aus dem Fenster auf die große Stadt Jerusalem. Der mächtige Heilige Tempel, der vor Jahren fertiggestellt worden war, überragte in seiner Pracht und Größe alle anderen Gebäude; in seinem Inneren hatte Salomo die Gegenwart Gottes gesehen und tausend heilige Schätze verborgen, darunter die Bundeslade. Als heiligster aller heiligen Schätze enthielt die Bundeslade zahlreiche heilige Gegenstände, darunter die Tafeln, auf denen die Zehn Gebote geschrieben waren. Sie war tief im Tempel in einer inneren Kammer verborgen, die nur der Hohepriester betreten durfte, und das auch nur in den seltensten Fällen.

Die Bundeslade war nicht der einzige Schatz, den Salomo in Jerusalem zusammengetragen hatte. Seine Ställe waren mit den besten und stolzesten ägyptischen Pferden gefüllt; seine Häuser quollen über vor Frauen, denn er war inzwischen mit 700 Frauen verheiratet und hatte 300 Nebenfrauen. Obwohl er wenig Glück mit Kindern hatte, hatte er immerhin einen siebenjährigen Erben, den kleinen Rehabeam. Seine Schatzkammern waren mit den größten Reichtümern gefüllt, und seine Truhen quollen über vor Gold. Sogar sein Geist und sein Herz waren mit dem Kostbarsten und Unbezahlbarsten von allen gefüllt: Weisheit. Und doch gab es etwas, das der reichste König der Welt wollte, einen wunderschönen Schatz, den er seit Jahrzehnten vermisste, und ihr Name war Makeda. Er fragte sich, wo sie jetzt war, ob sie es überhaupt sicher nach Hause nach Saba geschafft hatte. Ob sie sich an ihn erinnerte, so wie er sich an sie erinnerte.

Draußen gab es einen Aufruhr und König Salomo drehte sich um, um ein paar aufgeregte Palastwachen zu sehen, die in den Raum eilten. Spione waren aus der Provinz Gaza in den Palast gekommen, sagten sie, und sie hatten einen sehr verwirrenden Grund, nach Jerusalem zu reiten: Sie kamen, um zu sehen, ob König Salomo in seinem Palast war, denn einige der Bewohner von Gaza meinten, der König weilte dort.

Salomo war wütend und befahl, die Spione zu ihm zu bringen um sich zu erklären. Es musste sich um einen Hochstapler in Gaza handeln, und wer weiß, welchen Ärger eine solche Person anrichten würde.

Die Spione wurden vor Salomo gebracht, und er verlangte ihre Geschichte zu erfahren. Zitternd warf sich einer der Spione vor dem König auf den Boden. „Heil, möge der königliche Vater leben!", rief er nervös aus. „Unser Land ist beunruhigt, weil ein Kaufmann gekommen ist, der in jeder Hinsicht genau wie du aussieht, ohne die geringste Veränderung oder Abweichung."

Salomo hörte zu, wie der Spion diesen Kaufmann beschrieb, und in seinem Herzen keimte Hoffnung auf. Die Ähnlichkeit, von der der Spion sprach, war so groß, dass Salomo wusste, dass es nur eine vernünftige Erklärung gab: Der Mann musste sein Sohn sein. Sein Sohn mit der Königin von Saba, der Frau, nach der sich Salomos Herz immer gesehnt hatte.

* * * *

Salomo schickte den Befehlshaber seiner Armee, Benaja, in aller Eile nach Gaza und befahl ihm, den jungen Mann so schnell wie möglich in den Palast zu bringen. Menelik wurde also eilig nach Jerusalem gebracht; Salomo wollte ihn unbedingt sehen, und als er seinen Erstgeborenen endlich erblickte, war er ehrfürchtig und erfreut. Der ganze Hof war sprachlos angesichts der Ähnlichkeit zwischen Vater und Sohn.

Sofort beschloss Salomo, Menelik so lange wie möglich bei sich zu behalten. Die Königin von Saba selbst war ihm entgangen, aber mit seinem ältesten Kind wollte er nicht dasselbe Schicksal erleben. Er beschenkte Menelik mit unzähligen Gaben, darunter prächtige, mit Gold bestickte Gewänder, und flehte ihn geradezu an, zu bleiben. Er wollte Menelik zum König von Israel machen, und für einen jungen Mann, dem eine große Zukunft bevorstand, muss das ein verlockendes Angebot gewesen sein.

Aber zu Hause in Saba gab es eine alternde Königin, die sich nach ihrem Sohn sehnte, der einzigen Familie, die sie noch hatte. Und Menelik erinnerte sich an sein Versprechen an seine Mutter. Trotz Salomos ständiger Bitten blieb Menelik standhaft: Er wollte nach Saba zurückkehren, so wie er es versprochen hatte. Er war nicht nach Israel gekommen, um dort König zu werden. Er war gekommen, um seinen Vater zu treffen, und er hatte nur eine Bitte an ihn: dass er nach israelischen Ritualen und Zeremonien zum König von Saba gekrönt werden würde. Die Bitte stammte nicht allein von Menelik, sondern Königin Makeda selbst hatte darum gebeten, damit Saba von einem König regiert würde, der geweiht und geheiligt war, wie der König von Israel, den sie so sehr liebte.

König Menelik I. verließ Jerusalem unter großem Bedauern. Salomo hatte der Bitte Makedas entsprochen und Menelik mit großem Pomp und Zeremoniell zum König von Saba gekrönt; der Hohepriester im Tempel selbst hatte Menelik Anweisungen für seine Herrschaft gegeben. Außerdem schickte Salomo Menelik mit den Erstgeborenen aller seiner Adligen nach Hause, damit sie in Saba so herrschen konnten, wie ihre Familien in Israel herrschten. Es war eine große Prozession, die nach Saba aufbrach, und während Menelik und seine Freunde sich freuten, weinte und klagte ganz Jerusalem über den Verlust des jungen Mannes, der König von Israel hätte werden können. Einigen Berichten zufolge nahm Menelik nicht nur

die anderen jungen Leute mit nach Saba. Die Bundeslade selbst gehörte zu den Schätzen, die Menelik in seinem Zug mit sich führte und die von einigen von Meneliks Gefolgsleuten aus dem Tempel geschmuggelt worden war. Die Kebra Nagast erzählt, wie ein Engel ihnen befahl, die Bundeslade zu stehlen und nach Saba zu bringen. Bis heute behauptet Äthiopien, dass die Bundeslade in einer winzigen Kapelle im Dorf Aksum versteckt ist, die von hingebungsvollen Mönchen bewacht wird, die bis zu ihrem Tod keinen Fuß außerhalb der Kapelle setzen dürfen.

Menelik kehrte also nach Saba zurück, und es herrschte große Freude. Saba hatte nicht nur einen neu gesalbten König, sondern auch eine ganze Reihe junger Adliger gewonnen, die unter dem Einfluss von Salomos Weisheit aufgewachsen waren. Makeda war überglücklich, ihren Sohn wiederzuhaben. Sie überließ ihm ihren

Thron, und so setzte sich ein Sohn Salomos auf den Thron von Saba in Äthiopien. Es herrschte großer Jubel, und im ganzen Palast herrschte ein fröhliches Fest.

Was Makeda selbst betrifft, die schöne, weise und mutige Königin von Saba, so geriet ihre Geschichte in Vergessenheit, nachdem ihr Sohn den Thron bestieg. Sie war nach Jerusalem gegangen, um Weisheit zu erlangen und ihr Land zu schützen, und nun hatte sie bewiesen, dass sie sogar noch mehr als das getan hatte: Sie hatte einen Erben mitgebracht, der wie einer der größten Könige Israels erzogen worden war, einen Erben, dessen Krönung Frieden und Sicherheit für die kommenden Generationen in Saba versprach. Makeda hatte ihren Auftrag, ihr Volk zu schützen, erfüllt.

Doch Weisheit war nicht alles, was sie in Israel gefunden hatte. Sie beobachtete die Feierlichkeiten und betrachtete ihren Sohn auf dem Thron. Er war in jeder Hinsicht das Ebenbild seines Vaters, und wenn sie die Augen schloss, konnte sie immer noch den Glanz in Salomos dunklen Augen in jener Nacht sehen. Eine Nacht, die sie nie vergessen würde.

Fazit

Über Makedas Leben nach der Krönung von Menelik ist fast nichts bekannt. Wir können nur vermuten, dass ihr treu ergebener Sohn dafür sorgte, dass sie ihren Lebensabend in Frieden und Sicherheit in dem Land verbrachte, für dessen Schutz sie alles getan hatte; doch vielleicht sehnte sich ein Teil von ihr für immer nach dem Mann, den sie vor Jahrzehnten in Jerusalem zurückgelassen hatte.

Die Geschichte der Königin von Saba ist eine unvollständige Geschichte. Wir haben nur Vermutungen darüber, wo sich Saba überhaupt befand; Historiker bezweifeln, dass die Königin selbst jemals existiert hat. Bis auf eine Sache gehen die Berichte weit auseinander: Sie kam zu König Salomo, um Weisheit zu erlangen, obgleich ihr eigenes Land voller Reichtümer war, und sie war sehr beeindruckt.

Die äthiopische Tradition ist sich jedoch völlig sicher, dass ihr Sohn mit König Salomo nicht nur ein König von Äthiopien war, sondern auch der Stammvater einer Dynastie, die der Überlieferung zufolge fast 3.000 Jahre andauerte. Aus Saba wurde Aksum, und die unklare Herkunft der Herrscher lässt vermuten, dass sie in Wirklichkeit Nachkommen von Menelik waren. Im Mittelalter übernahm die Zagwe-Dynastie kurzzeitig die Herrschaft über Aksum, nachdem sie die gesamte königliche Familie ermordet hatte, abgesehen von einem einzigen Baby, das von loyalen Anhängern aus der Gefahr geschmuggelt wurde. Die Zagwe-Dynastie wurde 1270 von Yekuno Amlak gestürzt, der behauptete, ein Nachkomme Meneliks zu sein, und mit seiner Herrschaft begann die offizielle salomonische Dynastie.

Die salomonischen Kaiser herrschten jahrhundertelang über Aksum, das später als Äthiopien bekannt wurde. Erst während des Zweiten Weltkriegs wurde Äthiopien zum ersten Mal seit der Zeit der Zagwes überfallen und besetzt; Mussolinis italienische Truppen besetzten das Land nur kurz, und der Kaiser Haile Selassie wurde ins Exil geschickt. Selassie war der letzte der salomonischen Herrscher. Er wurde 1974 abgesetzt und starb ein Jahr später im Gefängnis.

Die Nachkommen Salomos sitzen nicht mehr auf dem äthiopischen Thron; nach Selassies Absetzung wurde die Demokratie eingeführt, die es ermöglicht, Präsidenten zu wählen und das Land auf eine gerechtere und modernere Weise zu regieren. Dennoch hat der derzeitige Präsident etwas sehr Poetisches an sich, etwas, das die alte Herrschaft der Königin von Saba mit dem heutigen Äthiopien verbindet. Wie die sagenumwobene Königin ist Sahle-Work Zewde eine beeindruckende afrikanische Frau, die mit Stolz über ein großartiges Land regiert. Sie ist das einzige weibliche Staatsoberhaupt auf dem gesamten Kontinent.

Die Königin von Saba ist eine historische Figur, um die sich so viele Geheimnisse ranken, dass sie kaum mehr als eine Legende ist. Doch ihre Geschichte von der mutigen Herrschaft in einer Zeit, in der Frauen die Macht verwehrt war, und von ihrem selbstlosen Schutz ihres Volkes hat eine Kraft, die sie auch noch Tausende von Jahren später zu einer Inspiration macht. Vielleicht werden wir die wahre Geschichte der Königin von Saba nie erfahren. Aber die Geschichte, die wir kennen - die Geschichte einer tapferen Königin, die alles für ihr Volk tat -, wird auch in den nächsten Generationen noch nachklingen.

Schauen Sie sich ein weiteres Buch aus der Reihe Captivating History an.

Quellen

https://www.biblegateway.com

https://www.history.com/topics/religion/history-of-christianity

https://en.wikipedia.org/wiki/History_of_Christianity

https://www.bible-history.com

https://edition.cnn.com/2013/11/12/world/christianity-fast-facts/index.html

https://www.vaticannews.va/en/pope/news/2019-04/homily-of-fr-cantalamessa-for-good-friday-full-text.html

https://www.bible.com/bible/compare/ISA.9.6-7

http://www.archpitt.org/the-immaculate-conception-the-conception-of-st-anne-when-she-conceived-the-holy-mother-of-god-according-to-the-ruthenian-tradition/

https://www.youtube.com/watch?v=yL-8lRHlEXc

http://www.quranicstudies.com/historical-jesus/the-virginal-conception-of-jesus/

https://www.biography.com/religious-figure/saint-mark

https://www.cbsnews.com/news/the-unexpected-pagan-origins-of-popular-christmas-traditions/

http://evidenceforchristianity.org/

https://www.catholic.org

https://www.whychristmas.com

https://biblearchaeologyreport.com/2018/08/09/did-first-century-nazareth-exist/

https://www.christianitytoday.com/history/2018/december/putting-christback-in-christmas-not-enough-nativity-americ.html

https://www.levitt.com/essays/language

https://www.ucg.org/the-good-news/good-news-interview-carsten-peter-thiede-when-was-the-new-testament-written

http://www.bbc.co.uk/religion/religions/christianity/holydays/christmas_1.shtml

http://www.ncregister.com

www.biblicalarchaeology.org

https://thirdmill.org

www.baslibrary.org

https://catholicexchange.com

www.smithsonianmag.com

https://www.smithsonianmag.com/history/who-was-mary-magdalene-119565482/

https://www.ancient.eu

https://kids.britannica.com

https://www.historytoday.com/archive/crusades/fourth-crusade-and-sack-constantinople

https://medievalchurch.org.uk/pdf/e-books/maclear/christian-missions-middles-ages_maclear.pdf

www.medievalchronicles.com

www.pewresearch.org

https://www.ancient.eu/Saladin/

www.pewforum.org

https://www.intellectualtakeout.org/article/5-causes-protestant-reformation-besides-indulgences

https://www.christianpost.com/news/the-15-largest-protestant-denominations-in-the-united-states.html

https://sites.dartmouth.edu/ancientbooks/2016/05/24/medieval-book-production-and-monastic-life/

Die Heilige Bibel, King James Version (https://www.biblegateway.com/)

Kebra Nagast, übersetzt von Sir E. A. Wallis Budge (http://www.yorku.ca/inpar/kebra_budge.pdf)

http://jhodgesagame.blogspot.com/2013/07/the-queen-of-sheba-kingdom-of-dmt-and.html

https://www.britannica.com/place/Ethiopia/Sports-and-recreation#ref419469

https://www.ancient.eu/Kingdom_of_Saba/

https://www.africa.com/great-ancient-african-queens/

http://freemasonry.bcy.ca/texts/gmd1999/sheba.html

https://www.pbs.org/mythsandheroes/myths_four_sheba.html

http://www.womeninthebible.net/women-bible-old-new-testaments/queen-of-sheba/

http://www.blackhistoryinthebible.com/blurred-lines/king-menelik-i-the-solomonic-dynasty-and-the-ark-of-the-covenant/

https://www.geni.com/people/Menelik-I-da-Ethiopia/6000000002518586281

https://www.japantimes.co.jp/life/2013/06/30/travel/how-the-ark-of-the-covenant-got-to-ethiopia/#.XOzftLPv7ak

https://www.theguardian.com/lifeandstyle/2010/oct/09/haile-selassie-ethiopia-king-solomon

https://www.britannica.com/topic/Solomonid-dynasty

https://ethiopianhistory.com/Solomonic_Dynasty/

https://www.nytimes.com/1986/02/04/science/was-there-a-queen-of-sheba-evidence-makes-her-more-likely.html

Abbildung I: Die Königin von Saba aus einer Handschrift (Staats- und Universitätsbibliothek Göttingen, 2 Cod. Ms. Philos. 63, Cim., fol. 122r) von Bellifortis von Conrad Kyeser.

https://commons.wikimedia.org/wiki/File:Bellifortis_Queen_of_Sheba.jpg

Abbildung II: Von Giovanni Demin (1789-1859) –

http://www.artrenewal.org/pages/artwork.php?artworkid=10389, Öffentliches Eigentum,

https://commons.wikimedia.org/w/index.php?curid=3520809

Abbildung III: Von Claude Lorrain (1605-1682)

https://en.wikipedia.org/wiki/File:Claude_Lorrain_008.jpg

Weitere Lektüre

A History of Israel in the Old Testament Period. Jagersma, Henk. Trans. John Bowden. Philadelphia: Fortress Press, 1983.

An Introduction to the Old Testament. Harrison, R.K. Grand Rapids, MI: Eerdmans. 1969.

Eerdmans Dictionary of the Bible. Freedman, David Noel, ed. Grand Rapids, MI: W. B. Eerdmans Publishing Company, 2000.

Reading the Old Testament: An Introduction; Second Edition. Lawrence Boadt, Richard Clifford and Daniel Harrington. Paulist Press, 2012.

The Oxford Bible Commentary. Barton, John and John Muddiman, eds. New York: Oxford University Press, 2001.

The Wiley Blackwell Companion to Ancient Israel. Susan Niditch (editor). Malden, MA: Wiley Blackwell, 2016.

Hinweise

---

[i] The Encyclopedia Britannica. University Press, Cambridge, England.

[ii] Dieser Begriff leitet sich von der Tatsache ab, dass die gebildeten Familien und Schreiber, die für die Transkription der alten Tanach-Texte zuständig waren, Masoretiker genannt wurden.

[iii] http://www.papalencyclicals.net/pius09/p9ineff.htm

[iv] https://www.psephizo.com/biblical-studies/when-was-jesus-born/

[v] https://www.psephizo.com/biblical-studies/when-was-jesus-born/

[vi] https://www.desiringgod.org/interviews/truth-or-fiction-did-herod-really-slaughter-baby-boys-in-bethlehem

[vii] https://www.britannica.com/biography/Jesus

[viii] https://www.smithsonianmag.com/history/who-was-mary-magdalene-119565482/

[ix] https://vatican.com/The-Holy-Spear/

[x] https://www.catholic.com/qa/why-did-god-change-sauls-name-to-paul

[xi] Maclear, George Frederick, M.A. A History of Christian Missions During the Middle Ages. MacMillan and Co., Cambridge and London, 1863.

[xii] Saladin's complete name was Ṣalāḥ al-Dīn Yūsuf ibn Ayyūb ("Righteousness of the Faith, Joseph, Son of Job"), also called al-Malik al-Nāṣir Ṣalāḥ al-Dīn Yūsuf I.

[xiii] Manchester, William. A World Lit Only by Fire. Little, Brown and Co., 1992.

[xiv] Watson, Peter. Ideas: A History from Fire to Freud, 2005.

[xv] https://www.smithsonianmag.com/history/americas-true-history-of-religious-tolerance-61312684/

[xvi] Pew Research Center's Forum on Religion & Public Life. *Global Christianity: A Report on the Size and Distribution of the World's Christian Population,* 2011.

[xvii] https://www.pewforum.org/2011/12/19/global-christianity-exec/#_ftn1

[xviii] https://www.pewforum.org/2010/04/15/executive-summary-islam-and-christianity-in-sub-saharan-africa/

[xix] Die so genannten Deuteronomisten waren hohe Beamte in Jerusalem - Schriftgelehrte und Tempelpriester -, deren Aufgabe es war, die Archive zu führen, die diplomatische Korrespondenz zu erledigen, Gesetze zu verfassen und die Annalen zu schreiben. Traditionell werden sie als die Autoren der historischen Bücher der Bibel angesehen (Deuteronomistische Geschichte).

[xx] Laut dem Buch Genesis war Jakob der Patriarch unter den Israeliten. Sein Name wurde in Israel („herrschen, streiten, Macht haben, siegen") geändert, nachdem er mit einem Engel gerungen hatte (Genesis 32:22-32)

[xxi] Das Land Israel, das oft als das Gelobte Land bezeichnet wird, ist historisch auch als Kanaan, Phönizien und viel später als Palästina bekannt.

[xxii] Die zwölf Söhne Jakobs waren die Stammväter der zwölf Stämme Israels.

[xxiii] 1 Sam. 4

[xxiv] Die Kanaaniter waren das Volk, das das alte Israel (Kanaan) bewohnte, bevor die Israeliten im 12. Jahrhundert v. Chr. aus ihrer Gefangenschaft in Ägypten kamen.

[xxv] 1 Sam. 5-7; In der King-James-Bibel ist von „Hämorrhoiden" die Rede, in den meisten anderen Versionen ist stattdessen von „Tumoren" die Rede.

[xxvi] 1 Sam. 8

[xxvii] 1 Sam. 9:2

[xxviii] 1 Sam. 15

[xxix] https://en.wikipedia.org/wiki/Tel_Dan_Stele

[xxx] 1 Sam. 16

[xxxi] 1 Sam. 17

[xxxii] Die berühmte, 1504 nach Chr. in Florenz enthüllte Statue von Michelangelo, die den biblischen Helden darstellt; Bildquelle: Wikimedia Commons Korido, CC BY-SA 4.0 <https://creativecommons.org/licenses/by-sa/4.0>, via Wikimedia Commons

https://commons.wikimedia.org/wiki/File:David_09.jpg

[xxxiii] http://articles.latimes.com/2013/oct/31/opinion/la-oe-badenmoss-gladwell-goliath-20131031

[xxxiv] 1 Sam. 24

[xxxv] 1 Sam. 25

[xxxvi] 2 Sam. 1

[xxxvii] 2 Sam. 5

[xxxviii] 2 Sam. 6

[xxxix] 2 Sam.

[xl] 2 Sam. 11

[xli] Wie oben

[xlii] 2 Sam. 13

[xliii] 2 Sam. 14

[xliv] 2 Sam. 15

[xlv] 2 Sam. 18

[xlvi] 2 Sam. 16

[xlvii] 2 Sam. 18

[xlviii] 2 Sam. 24

[xlix] 1 Könige 1

[l] Wie oben

[li] 1 Könige 2

[lii] Wie oben

[liii] 1 Könige 3

[liv] Wie oben

[lv] Wie oben

[lvi] Wikimedia Commons https://en.wikipedia.org/wiki/File:Salomons_dom.jpg

[lvii] 1 Könige 9

[lviii] 1 Könige 5

[lix] Wie oben

[lx] 1 Könige 11

[lxi] 1 Könige 12

[lxii] Wie oben; siehe Kapitel 1

[lxiii] 1 Könige 14; 2 Chron. 12

[lxiv] http://www.reshafim.org.il/ad/egypt/sheshonqi.htm

[lxv] Stuart Munro-Hay, The Quest for the Ark of the Covenant, Tauris, 2005

[lxvi] David Van Biema, A Lead on the Ark of the Covenant, Time.com, 2008

[lxvii] Inschriften wie die Nimrud-Tafel enthalten detaillierte Berichte über die Invasionen der assyrischen und babylonischen Könige.

[lxviii] https://en.wikipedia.org/wiki/Mesha_Stele

[lxix] 1 Kings 16

[lxx] 1 Kings 18 and 19

[lxxi] 2 Kings 2

[lxxii] 2 Kings 8

[lxxiii] 2 Kings 9

[lxxiv] 2 Kings 10

[lxxv] 2 Kings 11

[lxxvi] 2 Kings 13

[lxxvii] 2 Kings 15

[lxxviii] Num. 21

[lxxix] 2 Kings 15

[lxxx] 2 Kings 21

[lxxxi] 2 Kings 22-23

[lxxxii] 2 Chron. 35

[lxxxiii] 2 Kings 24

205

Printed in Poland
by Amazon Fulfillment
Poland Sp. z o.o., Wrocław
07 January 2024

1a34b641-e719-4ca0-ae9a-ed297a797e6eR01